漢文

教学社編集部 編

教学社

はじめに

　漢文の力をつけるための最も効果的かつ着実な方法は、何度も何度も声を出して読むことである。その白文がすらすらと読めるようにもなれば、漢文の句法、語の意味、基本的な知識は自然と身につくはずである。古文でも英語でも、言葉を勉強する上で、絶対に忘れてはならない点である。

　しかしながら、恐らくこれを手にする受験生は轍鮒（てっぷ）の急（正論よりも、今すぐに救ってやらなければならないこと）。受験に必要な事柄が、あまり時間をかけず、要領よく覚えられる手だてはないものか。

　覚えるといっても、語の意味や句法を羅列的に棒暗記するだけでは味気ないし、記憶が定着するものではない。意味内容のある文章や様々な言葉とのつながりが理解できて初めて役立つものだ。そんなふうに覚えていける一冊がないものか。句法を分かりやすく一冊にまとめた本や語の意味をまとめた本も多くあるが、如何せん量が多く、味気なく、とても覚えきれまい。もっと内容を精選し、かつ覚えるための工夫を凝らした一冊はないものか。はなはだ欲張りながら、以上の点すべてに応えた一冊が本書である。これまでにない新しい一冊になったと自負している。

　国語（現代文・古文・漢文）の中で最も点数の差がつくのは間違いなく漢文である。それでいて授業中でも受験勉強の中でも一番手が回らないのが漢文でもある。漢文の力を如何につけるかが、国語ひいては入試全体の出来不出来を左右する。本書の征服によって漢文が得点源になってくれるよう祈りたい。

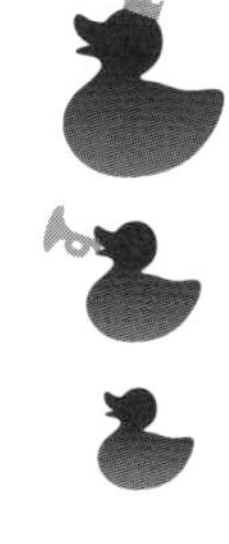

本書の特長

一〇〇の例文を精選！

本書は一〇〇の例文の暗唱を通して、重要事項が自然に覚えられるようになっている。

一つの文の中には複数の重要事項が入っており、重要句法のみならず、頻出の語句や、漢文を読む上で前提となる知識も含め、一〇〇ページで重要事項のほとんどが身につくように工夫してある。一〇〇の例文は、意味内容のまとまりある文を精選しており、ほとんどが実際の入試問題として出題されたものである。

巻末に一〇〇の白文と、各文の項目で触れた事項（句法・語句・関連事項）を一覧にし、一通り覚えた後のチェックに役立てられるようにした。

句法や熟語は例文で確認できる！

句法については例文ですべて確認できるようにし、頻出の語句についても例文に出てきた語と関係する語を項目として扱い、現代の熟語と関連させるなどして、記憶の定着が図れるようにした。特に重要で頻出の句形や語句については、ページの参照を示すことで何度も確認できるように配慮した。

いつでもどこでも勉強できる！

本書は合成樹脂で作られており、耐水性は抜群。風呂・アウトドア等、いつでも気楽に覚えられる。

本書の活用法

第一段階

扱われている句法・語・事項を、理解しながら熟読してほしい。理解に支えられた記憶が、本物の知識として定着する。

第二段階

一〇〇の例文を何度も声読して暗唱してほしい。句法や語句が出題されたとき、この本のどこにあったかがすぐに思い出せるくらいにしたい。

第三段階

全例文の白文が読んで訳せるよう、取り上げた句法・語の意味・事項などがすらすら言えるよう繰り返し、巻末の白文の一覧を使ってチェックする。

この本がぼろぼろになるまで利用してもらえるように祈ってやみません。この一冊によって漢文に自信がもてたと言ってもらえることを期待しています。

なお、本書の執筆は長谷川国男先生にお願いいたしました。厚くお礼申し上げます。

もくじ

凡例

漢文の漢字はすべて新字体によった。

送り仮名とルビの訓は歴史的仮名づかい、ルビの音は現代仮名づかいによった。

出典名の下の大学名は、入試でその例文が出題された大学。

重要…漢文を解釈する上で重要な句法・語句・事柄の説明

参照➡…他ページでも出てくる重要な語句などの説明

有備無患…例文からイメージを広げた予備知識的な事柄の説明

例…文例　熟…熟語例

用…用法　故…故事成語

＝…同・類義語句

↕…対義語句

再読文字 例文1

景公怒援レ戈、将二自撃一レ之。

（劉向『説苑』／立教大）

再読文字

将（まさニ〜（ント））す

→ **今にも〜しようとする。〜しそうだ。**

「ン」とよむことに意味がある。助動詞「む（ん）」の強めで、推量や意志の意。＝**且**（**例文6**）

例 **将レ来→将に来たらんとす。**
日且レ没→日且（まさ）に没せんとす。（今にも日が沈みそうだ。）

よみ 景公（けいこう）怒（いか）りて戈（ほこ）を援（と）り、将（まさ）に自（みづか）ら之（これ）を撃たんとす。

訳 景公は怒って戈を手に取り、今にも自分でその者を撃ち殺そうとした。

重要 **自** よみ（意味）

◉**おのヅカラ**（自然と・ひとりでに）
◉**みづかラ**（自分で・自分から・自分で自分を ＝**身**・**親** 熟 自粛・自戒）
◉**〜より**（〜から ＝**従**）起点を表す。

有備無患

戈（矛） **象形文字▼「ほこ」**（長い柄の先に両刃の剣をつけた古代の武器）のこと。「たて」（防御用の板）は「干」「盾」で、これらも象形文字。慣用句 **干戈（かんか）に及ぶ・干戈を交える。**↓戦争をする。

再読文字 例文2

君固当レ不レ如。

（劉義慶『世説新語』／早稲田大）

よみ 君固より当に如かざるべし。

訳 あなたはもともと、言うまでもなくかなわないはずだ。

重要 固 よみ（意味）

◉もとヨリ（本来・当然 熟固有）

◉まことニ（もちろん）

◉かたシ・かたマル・かたメル

重要 もとヨリ 他の漢字（意味）

◉素（平素から・以前から 例文30）

◉故（古くから・以前から 例文65）

参照➡不如……如かず（例文44）

再読文字

当（まさニ ベシ）～

⬇

当然～はずだ（べきだ）。

～しなければならない。

助動詞「べし」には多くの意味がある（例文6）が、本例は当然、次の例は義務・命令の例。

例 及レ時当ニ勉励一↓時に及んで当に勉励すべし。

（時間を大切に勉め励まねばならない。）

重要 当 他の意味

◉あたる・あてる（熟一騎当千・充当）

◉現在の・今この（熟当今・当代）

再読文字 例文3

山空松子落
幽人応レ未レ眠

（韋応物「秋夜寄二十二員外」／お茶の水女子大）

よみ 山空（むな）しうして松子（しょうし）落（お）つ、幽人応（まさ）に未（いま）だ眠らざるべし。

訳 山はひっそりと静まり、松かさの落ちる音がする。風流な君はまだきっと眠っていないだろう。

再読文字

未（いまダ）～（ず）

↓

まだ～ない。

熟 未レ知→未だ知らず。（↕**既知**）

↕**既・已（すでニ）例文27**参照。

再読文字

応（まさニ）～（ベシ）

↓

きっと～だろう。
～に違いない。

当然の意を含んだ推量の意。「当」とよみは同じ。

重要▶再読文字のよみ順 Uターンだ

幽① 人② 応ニ③⑧シ 未ダ④⑦ル 眠ラ⑤⑥

返り点・送り仮名にも注意！

有備無患

空 **日中で違う意味▼**日中国交回復がなった際、時の日本の首相が漢詩を作り、「北京空晴」という一節が物議を醸したという。「空」は〝何もない〟という意味。ここは「天」とするべきだったのだ。

再読文字
例文4

暫伴二月将一レ影
行楽須レ及レ春
（将＝与）
（李白「月下独酌」／上智大）

よみ 暫く月と影とを伴ひて、行楽須らく春に及ぶべし。
訳 しばらくは月と自分の影とを友として、是非ともこの春のうちに楽しむとしよう。

再読文字
須（すべからク／べシ）～

是非とも～したいものだ。
必ず～する必要がある。
～しなければならない。

助動詞「べし」の意味（例文6）のうちの、強めの意志・命令・義務の意。「もちフ」のよみもあるが、意味はほぼ同じ。送り仮名の打ち方は「ベカラク」から「ク」までいろいろである。

重要 類似漢字 形に注意

以下の文字も形は似ているが意味が異なる。間違えやすいので注意しよう。

◉暫（熟暫時）―漸（ようやク 熟漸次）
◉貧（まづシ）―貪（むさぼル 熟貪欲）
◉概（おおむネ・がいシテ 熟大概・概況）
　―慨（いきどほル 熟憤慨・慨嘆）
◉偏（かたよル・ひとへニ 熟偏向・不偏）
　―遍（あまねク 熟普遍・遍在）
◉率（ひきヰル 熟引率）―卒（熟兵卒）
◉宣（熟宣伝）―宜（よろシ 熟時宜）

再読文字
例文5

人之死、猶二火之滅一也。

（王充『論衡』／大分大）

よみ 人の死するは、猶ほ火の滅するがごときなり。

訳 人が死んでいく時は、ちょうど火が消える時のようである。

再読文字

猶（なホ）（ごとシ）～（ガ）（ノ）

↓

ちょうど～のようである。～と同じである。

「ごとシ」で比況・比喩（**本例**）・同等（**あとの例**）の意味を表し、「なホ」でさらに意味を強める。＝**由**（同音・ユウ）

例 **過猶レ不レ及↓過ぎたるは猶ほ及ばざるがごとし。**
（やりすぎは及ばないのと同じでよくない。）

重要 **～（ガ・ノ）ごとシ** 他の語

如・若（「猶」のほうが強い）

例 **如レ夢↓夢の如し。**

有備無患

王充の思想 王充は後漢初期の思想家。世俗の儒教的形式主義の虚妄や道教的神秘思想を排し、現実的な唯物主義思想を展開した古代では異色の思想家。『論衡』はその代表的著作であり、文化大革命の中で、その思想が高く評価された。

再読文字
例文6

且レ有レ変、宜三防二絶之一。

（劉向『説苑』／弘前大）

よみ 且に変有らんとす。宜しく之を防ぎ絶つべし。

訳 きっと変事が起こるだろう。今のうちに禍根を断ち切るのがよい。

再読文字
且（まさニ～ントす）～
↓
今にも～しそうだ。
きっと～だろう。

＝将（例文1）

再読文字
宜（よろシク～ベシ）～
↓
～するのがふさわしい。
～するほうがよい。

「よろシク」とよむことで、助動詞「べし」のうちの適当の意味を表す。

重要 **べし** 意味・覚え方

古文頻出の助動詞「べし」は漢文訓読でもよく使われ、意味も多いのでしっかり覚えておこう。

覚え方1 **意志**が**適当**であると**当然**、**推量**することが**可能**であると、**勧誘**して**命令**して**義務**づけよ。

覚え方2 「スイカが適当と名医」（**推**・**可**が**適**・**当**と**命**・**意**）

再読文字
例文 7

顔淵季路侍。子曰、盍三各言二爾志一。
（『論語』）

よみ 顔淵・季路侍す。子曰はく、「盍ぞ各々爾の志を言はざる」と。

訳 顔淵と子路が孔子の側に控えていた。孔子が言った、「どうしてそれぞれおまえたちの志を言わないのかね」と。

再読文字

盍〜（なんゾ〜ざル）

➡ **どうして〜しないのか。（〜すればいいではないか。）**

「盍」は「何不」を一字で表したもの。「〜」が強められ、強い疑問や反語の意を含んだ勧誘・命令の意を表す。

＝**蓋**（けだシ）（**例文83**）。

重要 **爾** よみ（意味）

◉なんぢ（あなた・お前 ＝**汝・若**）

◉しかり（そうだ ＝**然**）

◉〜のみ（〜だけだ ＝**耳・已・而已**）

重要 **なんぢ** 他の漢字（頻度の高い順に）

汝（最も一般的） **若**（多義語 **例文59**）

爾 女 而 乃

重要 **侍**

漢文では「じス」、古文では「はべリ」とよみ、〝目上の人のそばに仕える〟の意。「さむらい」のよみは同義の〝さぶらふ〟から。「待」と間違えないこと。

熟 侍女・侍従

部分否定
例文 8

千里馬常有、伯楽不常有。

（韓愈『雑説』／大東文化大）

よみ 千里の馬は常に有れども、伯楽は常には有らず。

訳 一日に千里走る名馬はいつでもいるが、（その名馬を見分ける）伯楽はいつもいるとは限らない。

部分否定	全否定
不常～	常不～
いつも～とは限らない。 いつでも～というわけではない。	いつでも～ない。

全否定・部分否定をきちんと区別して訳すこと。英語の not always と always not の違いに相当する。

有備無患

韓愈 **中唐・唐宋八大家▼**韓愈は中唐（八世紀後半～九世紀初め）の詩人。修辞ばかりの駢儷文を排し、達意の古文を重んじ、これに共鳴した柳宗元（**例文35**）とともに古文復興運動を展開した。唐宋八大家（**例文63**）の一人。『孟子』に再評価を加えて儒教精神の高揚を提唱した硬骨の官吏で、中唐の時代の特徴である腐敗硬直した政治の批判や、左遷の思いを述べた詩や文章が多い。

部分否定
例文 9

寡人不二復一釈レ子。

（司馬遷『史記』／北海道大）

よみ 寡人（かじん）復（ま）た子（し）を釈（ゆる）さず。
訳 私は二度とはおまえを許さないぞ。

部分否定
不（ず）二復（まタ）〜一
↓
二度とは〜ない。
（一度は〜したが今度は〜ない。）

全否定
復（まタ）不（ず）レ〜
↓
またしても〜ない。
（以前も）今度も〜ない。

よみは同じだが意味の違いに注意。「不重〜」「不再〜」は「不復〜」と同じ意味。後出の陶潜の有名な五言詩の一・二句目も参照。

重要 **寡人** 諸侯の謙遜の自称
わたし・わたくし（**例文43**参照）と訳す。

有備無患
五言詩 **意味の区切れは二／三字！**

盛年／不二重来一。↓盛年重ねて来たらず。
（青年時代は二度とやって来ない。）
一日／難二再晨一。↓一日再び晨（あした）なり難し。
（一日に朝は二度とないのだ。）
及レ時／当二勉励一。↓時に及んで当に勉励すべし。（**例文81**）
歳月／不レ待レ人。↓歳月は人を待たず。（**例文2**）

部分否定
例文 10

高者未二必賢一
下者未二必愚一

（白居易「澗底松」／北海道教育大）

よみ 高き者未(いま)だ必ずしも賢(けん)ならず、下(ひく)き者未だ必ずしも愚(ぐ)ならず。

訳 身分の高い者が必ずしも賢いとは限らず、身分の低い者が必ずしも愚かだとは限らない。

部分否定

不(ず)二必(ズシモ)～一

↓

必ずしも～とは限らない。必ず～だというわけではない（～でないこともある）。

「未必～」は「不必」に「いまダ」のよみがついたものなので、部分否定となる。「**必不～**」だと全否定で〝必ず（絶対に）～ない〟の意。訳し方に注意。

一般に程度の甚だしいことを表す語の前に「不」「非」などの否定語がくると部分否定になる。

有備無患

長い詩（古詩）聯(レン)と押韻▼本例は16句より成る古詩。長い詩をよむときは次のことに注意。

◉二句一まとまり（1 2・3 4…＝聯という）で内容をつかむ。しばしばその二句が対句となる（**本例**）。

◉偶数句末の押韻に注目。段の最初の句も押韻になっていることがある。韻が変わっていたら（換韻）、そこまでが大きなまとまり。

部分否定
例文11

今両虎共闘、其勢不二倶生一。
（曽先之『十八史略』）

よみ　今両虎共に闘はば、其の勢ひ倶には生きざらん。

訳　今二頭の虎がともに戦ったならば、そのなりゆきとして両方とも生き残るということはない（どちらかは死ぬ）だろう。

部分否定
不二倶（共）～一

両方とも～ということはない。
どちらかは―（もう一方は～ない）。

「ともニハ」と「ハ」をつけるのが大切。全否定は**「倶不～」**（ともニ～ず）で〝両方ともに～ない〟と訳す。部分否定・全否定、いずれを訳すときも、もう一方を意識して、違いをはっきりさせるように。

重要　**勢**　意味
◉他を支配する力（熟勢力・威勢）
◉ようす・なりゆき（熟地勢・情勢）
◉人数・兵力（熟多勢・軍勢）

有備無患
戦国時代の「趙」　本例は戦国時代の趙国の名臣藺相如（「完璧」の故事で有名。**例文52**）と勇将廉頗が「刎頸の交わり（首をはねられても後悔しないほどの友情の意味）」を結んだ話の一節。当時の趙は、強大な秦に独力で対抗し得る力を持った国であった。

禁止
例文 12

無レ友ニ不レ如レ己者一、過則勿レ憚レ改。

（『論語』）

よみ 己に如かざる者を友とすること無かれ、過ちては則ち改むるに憚かること勿かれ。

訳 自分に及ばない者を友としてはいけない。過失を犯したら躊躇なく改めよ。

禁止

無カレ〜（コト）
勿レ〜

↓

〜してはいけない。
〜するな。

形容詞「なし」の命令形によんで、禁止の意。禁止の意で多く用いられるのは「勿」「毋」。「無」「莫」も用いるが、「〜なシ」とよむことも多く、禁止になるかどうかは文脈から考える。「不可〜」にも禁止の用法がある（**例文13**）。

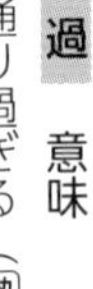

重要 **過** 意味

◉通る・通り過ぎる（熟通過・経過）
◉立ち寄る（「よぎル」とよむ）
◉度を越す（熟過度・超過）
◉**あやまち・間違い**（熟過失・大過）

有備無患

過ちとは 『論語』**より**▼「過ちて改めざる、是を過ちと謂ふ」ともある。度を越したことによる過ちは誰にもあること。それを繰り返さないことが大切である！

禁止
例文 13

少年易レ老学難レ成、一寸光陰不レ可レ軽。
（『朱子文集』）

よみ 少年老い易く学成り難し、一寸の光陰軽んずべからず。

訳 青年はすぐに年老いてしまうが、学問は成し遂げ難いものだ。わずかな時間でもおろそかにしてはいけない。

重要 難・易 返読文字

「難」「易」は両方とも返読文字で、下から返って読む。

有備無患

朱子（朱熹）「聖人学んで至るべし」というのが宋代儒学の基本的な考え方で、南宋の朱熹がその大成者。学問重視の姿勢、厳格な倫理観は、思想の大きな流れとなり、その後の中国や日本や韓国に与えた思想的影響は極めて大きい。

禁止
不レ可レ～（ずべカラ）
↓
～してはいけない。

助動詞「べし」（例文6）の打消で禁止の意味だが、不可能（例文14）にもなりうる。

重要 時間を表す語

◉光陰（年月・時間 例 光陰矢のごとし）
◉須臾（しゅゆ）（わずかの時間）
◉百代（はくたい）（永遠）

不可能
例文 14

鳥獣不レ可ニ与同レ群。

（『論語』／南山大）

よみ 鳥獣は与に群れを同じくすべからず。

訳 鳥や獣と共に群れをなしていっしょに生きることはできない。

不可能

不レ可レ～（ずべカラ）

↓

～ことができない。
～できるはずがない。

本例の場合「べし」は可能。「不可～」には禁止の意もある（例文13）が、区別しにくいことも多い。不可能でも禁止でも、打消当然の意が暗に含まれているわけであり、それを理解しておくことが重要。

参照➡ともニ……他の漢字
共・倶（例文11） 与（例文42）

有備無患

儒家と道家 俗世を避け、鳥獣と共に自然と一体となり、隠者として生きていこうとするのは道家（老子・荘子）の考え方につながる。対して、積極的に俗世とかかわり、為政者となって少しでも乱れた人間世界を正そうとするのが儒家（孔子）の考えである。

不可能
例文 15

性嗜レ酒家貧
不レ能二常得一。

（陶潜『五柳先生伝』／群馬大）

よみ　性酒を嗜むも家貧しくして常には得る能はず。

訳　生まれつき酒が好きだったが、家が貧しく、いつでも手に入れることができるわけではなかった。

不可能

不レ能レ～（ず・あたハ）

↓

～することができない。
～する能力・力がない。

文字どおり〝（能力がなくて）～できない〟という不可能の意。本例の場合〝貧しくて酒を手に入れるだけの力（財力）がなかった〟のである。不可能の意味になる場合は「なぜできないのか」まで考えると内容理解にいっそう役立つはず。

重要　能　よみ分け

◉あたハ（ズ）↓動詞から「ず」に返るとき
◉よク～↓肯定文や「無能～」となるとき

例　莫二能仰見一↓能く仰ぎ見るもの莫し。

有備無患

陶潜　**田園詩人**▼字は淵明、号は五柳先生。四世紀末～五世紀初。官吏となったが、41歳で隠棲、脱俗的な境地や酒と自然を愛する詩・文章を多く書いた。**例文18・25・94・96**参照。「帰去来辞」が有名。

不可能
例文16

項伯常以レ身翼二蔽沛公一。荘不レ得レ撃。

（司馬遷『史記』）

よみ 項伯（こうはく）常に身を以て沛公（はいこう）を翼蔽（よくへい）す。荘撃（う）つを得ず。

訳 項伯は常に自分の体で覆い隠すように沛公をかばった。項荘は撃つことができなかった（機会がなかった）。

不可能

不（ず）レ得（え）レ～（スルヲ）

↓

～することができない。
～する機会がない。

不可能にもいろいろあり、本例の場合は〝機会・チャンスがなくて～できない〟の意。「不得不～」だと「～ざルヲえず」とよみ、〝～せざるをえない・～しないではいられない〟という意になる。慣用句として併せて覚えておこう。

重要 不可能 微妙な違い

◉不可～↓当然ながら～できない。
◉不能～↓力がなくて～できない。
◉不得～↓機会がなくて～できない。

例文は、『史記』名場面の一つ。酒宴で剣舞をするよう項羽に命じられた項荘。項伯はそれが沛公（劉邦）暗殺と気づき、自分も剣を舞って沛公を守った。息づまる攻防。

否定
例文 17

人将レ休、吾不二敢休一。

（劉義慶『世説新語』／甲南大）

よみ 人将に休まんとするときに、吾は敢へて休まず。

訳 人が休もうとしていても、私は決して休まない。

否定

不レ敢～（ず・あヘテ）

↓

決して～しない。

進んで～しようとしない。

しいては～しない。

「敢」には「敢闘」「勇敢」などのように〝思い切って～する〟の意がある。本例の場合はその打消。漢字の意味に即して理解していくことが大切。

参照→不肯……例文89。「あヘテ～ず」とよむ句形。

反語

敢不レ～（あヘテ・ざランヤ）

↓

どうして～しないだろうか（いや～するだろう）。

「不」「敢」の順が入れ替わると反語になり、意味が逆になるので注意！

例 百獣之見レ我、而敢不レ走乎。→百獣の我を見て、敢へて走らざらんや。（多くの獣たちが私を見て、どうして逃げ出さないであろうか。必ず逃げるに違いない。）

否定
例文 18

不レ足下為二外人一道上也。

（陶潜『桃花源記』）

よみ 外人の為に道ふに足らざるなり。

訳 外部の人間に言うほどのことではありません。

否定

不レ足レ～

（三）

↓

～するほどの価値はない。
～するのに十分でない。

「たりず」ではなく、「たらず」が文語での正しい言い方。「不飽」（あかず／満足しない・十分でない）と同様、「飽く」「足る」は文語では、四段に活用するので注意。

「～に足る」は〝～するに十分である〟の意で、「不足」はその打消だが、「不足～」の形がよく問われる。

重要 注意すべき動詞 よみ（意味）

- ◉道 いフ（言ふ 熟報道・言語道断・道破）
- ◉暴 あばク・さらス（さらけ出す 熟暴露）
- ◉戦 おののク（震え恐れる 熟戦慄）
- ◉北 にグ（逃げる 熟敗北）
- ◉背 そむク（裏切る 熟背信・背任）
- ◉中 あタル（当たる 熟的中・命中）
- ◉雪 すすグ（ぬぐう・払いのける 熟雪辱）
- ◉愛 をしム（惜しむ・大切にする 熟愛惜）
- ◉挙 ふるまフ（態度をとる 熟挙動）
- ◉布 しク（広くゆきわたる 熟分布・公布）

否定
例文 19

無レ長無レ少、道之所レ存、師之所レ存也。

（韓愈『師説』／大東文化大）

よみ 長（ちょう）と無（な）く少（しょう）と無く、道（みち）の存（そん）する所は師の存する所なり。

訳 自分より年長か年少かにかかわらず、道の存在する所は必ず先生の存在する所である。

否定
無（なク）レ〜（ト）無（なク）レー（ト）

↓

〜ということなくーということなく。
〜やーにかかわらず。

否定句が二つ重なり、対照的なものを並べている場合、本例のように並立の形でよむことが多い。

例 不レ〜、不レー（〜せず、ーもせず）
非レ〜非レー（〜でもーでもなく）

重要 **否定語〜＋否定語ー** よみかた

◉並立によむ。**（本例）**
◉上を仮定条件でよむ。下は結果を表す **（例文20・64）**。
◉下からかえって二重否定でよむ。
例 不レ為レ不レ多↓多からずと為さず。（多くないとは言えない。）

重要 **長・少** よみ **（年齢をいう場合）**

◉**長** たけシ・たク 熟年長（年長し）
◉**少** わかシ 熟少年（少き人）

否定
例文 20

不レ憤不レ啓、不レ悱不レ発。

（『論語』）

よみ 憤（ふん）せずんば啓（けい）せず、悱（ひ）せずんば発（はっ）せず。

訳 理解できずいらだつくらいにならなければ開き示して教えてはやらない。口に出そうでもどかしがるくらいでなければ口に出して教えてやらない。

否定

不（ず）レ〜（ンバ）、不（ず）レ―

↓

〜しなければ―しない。

「不」に限らず、否定句が二つ重なっている場合、上の句が仮定条件を表すことが多い（仮定の**例文64**参照）。

例 民無レ信、不レ立。↓民信無くんば、立たず。

不レ入ニ虎穴一、不レ得ニ虎児一。↓虎穴に入らずんば、虎児を得ず。

有備無患

憤 **漢字の構造▼**部首はもちろん「つくり」にも意味がある。漢字の意味が分からないとき、部首や「つくり」を考えるのもよい方法である。

憤　噴　墳

「心」を表す

盛り上がる（音・フン）

心が高まる

否定
例文21

不者、将レ有二火患一。

（劉向『説苑』／弘前大）

よみ 不者（しからず）んば、将に火の患（わずら）ひ有らんとす。

訳 そうしなければ、きっと火の災いが起きるでしょう。

否定

不者～（しからずンバ）

↓

そうしなければ～
さもないと～
そうでなかったら～

慣用句として否定の仮定条件を表し、下に続ける。

重要 **しからずンバ～** 慣用句

不者～　不然～　否則（すなはチ）～

類似形も多く紛らわしいので注意。形で覚えておく（例文98・100参照）。

重要 **～んば** ず・なし・べし＋ば

「ず」「なし」「べし」を未然形にして「ば」に続けるとき、漢文では「ずんば」「なくんば」「べくんば」と、漢文らしい歯切れのために「ん」を入れてよむのが習慣。

古文では「ば」が清音化し「ずは」「なくは」「べくは」とすることが多い。口語では〝（やら）ずば（なるまい）〟〝なくば（なるまい）〟〝（なる）べくは〟などと言う。

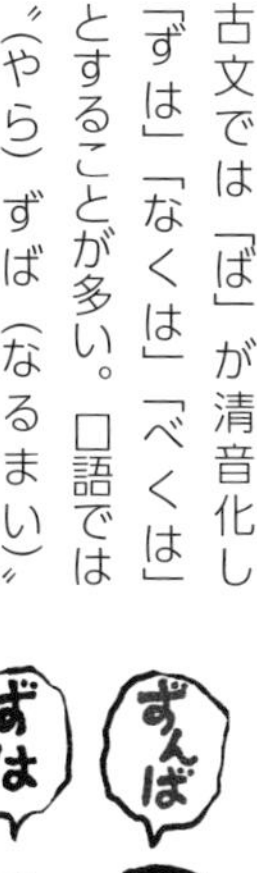

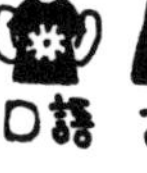

二重否定 例文22

耕者不レ可三以不二益急一矣。

（『墨子』／奈良教育大）

よみ 耕す者以て益々急ならざるべからず。

訳 耕す者はますます一生懸命働かなくてはなりません。

二重否定

不レ可二以 不レ～

↓

～しなければならない。

「不可～」（「～べからず」）には、〝～してはいけない〟という禁止の用法があるが（**例文13**）、当然の助動詞「べし」が二重否定によってさらに意味が強められ、命令・義務の意を表している。この場合には可能や推量の意味にはならない。

重要 **ますます** 他の漢字（他の意味）

◉**滋**（しげる・増える）

◉**倍**（ます・倍になる・背く）

◉**益**（ます・増える）

有備無患 **墨子の思想** 戦国時代、賢人の登用（尚賢）、国費の節減（節用）、戦いを止めること（非攻）、無差別平等の博愛主義（兼愛）を説いた墨翟を教祖に、「墨家」として下層階級の工人を中心に強力な信仰集団を結んだ。

二重否定 例文23

当世士大夫、無下不レ知レ有二劉老人一者上。

（『助字弁略』序文／三重大）

よみ 当世（とうせい）の士大夫（したいふ）、劉老人（りゅうろうじん）有（あ）るを知らざる者（もの）無し。

訳 当時の立派な人物（知識人）に、劉老人の存在を知らない者はいない。

二重否定

無（なシ）レ（モノ）不（ざル）（コト）レ～

↓

～しないものはいない（みんな～だ）。

「無」以下の「不～」の部分が主語になり、二重否定によって意味が強められ、〝～がすべてだ〟という意になる。「莫不～」でも同じ。「有」「無」は返読文字で下が主語となる（「有数」「無理」など）。「多」「少」も同様（「多数」「少人数」など）。

有備無患

封建制度 周代の封建制度では、王↓諸侯（公）↓卿（大臣）↓大夫↓士↓庶人と、上位の者が下位の者に土地を分け与えること（封）で統治された。後に一般的に「士・士大夫」で知識人階級、学問・政治を志す人を言うようになった。

中国	王	諸侯（公）	卿	大夫	士	庶人
日本	将軍	大名	家老	上級武士	下級武士	民

二重否定
例文 24

曽子之母非レ不レ知三子不二殺一レ人也。

（『新語』／新潟大）

よみ 曽子（そうし）の母、子（こ）の人を殺さざるを知らざるに非ざるなり。

訳 曽子の母は、息子が人を殺してないことを知らなかったわけではない（よく知っていた）。

二重否定

非（あらズ）レ不（ざルニ）レ～

↓

～しないのではない。
～しないわけではない（きっと～だ）。

「非」は返読文字（「非常識」など）。「～（ニ）あらズ」（～でない）とよみ、「二」と断定の助動詞「なり」の連用形を入れてよむ。「不非～（～（ニ）あらずンバアラず）」（～でないことはない）との区別ができるようにすること。

重要 **子** 意味

●先生（男子への敬称。**例** 孔子・曽子・子曰）
●あなた（尊敬の意を込めた二人称）
●子供
●十二支の最初。ね

有備無患

曽子 孔子晩年の弟子で、特に内省による内面の修養や親への「孝」を重んじ、『大学』を著したという。さらに子思・孟子に至る流れが、宋代に「道統（儒教の正統）」とされた（**例文93**）。

二重否定
例文 25

偶有㆓名酒㆒、無㆓夕不㆑飲。

（陶潜「飲酒」）

よみ 偶々（たまたま）名酒（めいしゅ）有り、夕（ゆふ）べとして飲まざるは無し。

訳 たまたま名酒を手に入れた。一晩として飲まない晩はない。

二重否定

無（なシ）㆓ー（トシテ）㆒不（ざル（ハ））㆑〜

↓

どんなーも〜しないものはない。どんなーでも〜。

例文23の「無」と「不」の間に名詞が入った形。「ー トシテ」と名詞にかなを送る。

例 無㆓物不㆑有↓物として有らざるは無し。（どんな物でもないものはない。どんな物でもある。）

二重否定

無（なシ）㆓ー（トシテ）㆒無（なキハ）㆑〜

↓

どんなーも〜のないものはない。どんなーも〜がある。

例 無㆓時無㆑之↓時として之無きは無し。（いつでもこれが有る。）

重要 **たまたま** 他の漢字 **偶 遇 適 会**

"思いがけなく・ふと・偶然"という意味。書き下し文の「々」は書かれないことも多い。

二重否定
例文 26

聖人所レ不レ知、未二必不一レ為二愚人所一レ知也。

（『劉孟涂集』／センター試験）

よみ 聖人（せいじん）の知らざる所、未（いま）だ必ずしも愚人（ぐじん）の知る所と為（な）さずんばあらざるなり。

訳 聖人の知らないことでも、必ずしも愚人が知らないとは限らない（愚人が既に知っている場合もある）。

二重否定

不（ず）レ不（ずンバアラ）レ～

↓

～しないことは（なのでは）ない。

助動詞「ず」から助動詞「ず」に返る場合、「ずず」「ざらず」でなく、「ずンバアラず」とよむのが習慣なので慣れておきたい。「非（あらズ）」や「無（なシ）」から「不（ず）」に返る場合（**例文27**）も同様。

二重否定

未（ダ）（ず）二必（ズシモ）不（ずンバアラ）レ～

↓

必ずしもまだ～していないとは限らない（既に～している場合もある）。

本例は再読文字「未」と部分否定の「不必～」が「不必～」上で重なった形。直訳した上で、（　）のように考える必要がある。

二重否定
例文 27

閑居未レ嘗二一日一無レ客。

（『書東皐子伝後』／九州大）

よみ 閑居に未だ嘗て一日として客無くんばあらず。

訳 静かな住まいには、今までに一日も客が来ない日はなかった。

二重否定

不レ無レ～（ずなクンバアラ）

⬇

～がないわけではない。

⇦「クンバアラ」と送ることに注意。

二重否定

未二嘗一一無レ～（ダず かつテ トシテ なクンバアラ）

⬇

まだ～がない―はなかった。今まで～のないことはなかった（どんな―でも～がある）。

（不）無～に未＋嘗＋―（名詞）がついた形。

重要 嘗 よみ（意味）

◉かつテ（かつて～したことがある）

◉なム（なめる　故 臥レ薪嘗レ胆）

重要 完了（経験） 他の漢字（よみ・意味）

◉嘗・曽（かつテ・～したことがある）

◉已・既（すでニ・～してしまった）

漢文には過去や完了を表す助動詞にあたるものがなく、このような副詞で表している。完了（経験）の形で訳すと口語らしくなる。

疑問
例文28

吾欲レ伐レ呉。可乎。

（『韓非子』／岡山大）

よみ　吾(われ)呉(ご)を伐(う)たんと欲(ほっ)す。可(か)ならんか。

訳　私は呉を伐とうと思うが、よいか。

疑問

~乎(や/か)（也・哉・邪）

→ ~か。（反語で）~か、いや~でない。

「哉」「邪」なども単独で疑問や反語の意。また「何」「安」などと呼応して「や」「か」とよむ。

重要　**や(か)**　他の漢字（頻度順）

疑問や反語の意で文末に用いる助字は多い。用いられ方の決まりは特にない。

乎　也　哉　邪　耶　与

呉越の争い　春秋時代末期の紀元前四九六~四七三年にかけての長江南部に起こった両国の争い。まず、越の国と戦って父王を殺された呉王夫差(ふさ)が、その恨みを忘れまいと薪(たきぎ)の上に臥し、やがて越王勾践(こうせん)を会稽山に破る。今度は勾践がその恥を忘れまいと苦い胆(きも)を嘗(な)め、二十年後夫差を破り復讐を果たす。この「臥薪嘗胆(がしんしょうたん)」の故事の他「呉越同舟」「会稽(かいけい)の恥」など、呉越の争いは故事成語の宝庫であり、歴史の面白さが満喫できる。

疑問
例文 29

哀公問、弟子孰為レ好レ学。

(『論語』/日本大)

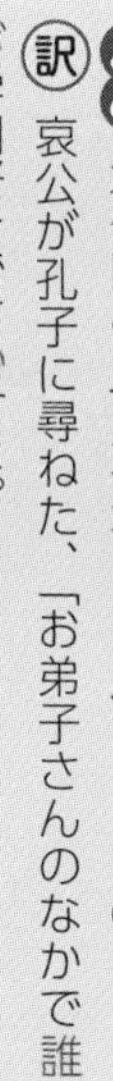

よみ 哀公(あいこう)問ふ、「弟子(ていし)孰(たれ)か学(がく)を好むと為す」と。

訳 哀公が孔子に尋ねた、「お弟子さんのなかで誰が学問好きですか」と。

疑問

孰(たれカ)〜
誰〜

↓

誰が〜か。

本例では「たれヲカ〜」と目的語としてよみ、〝誰を学問好きと考えるか〟と意味を取ることも可能。この場合は疑問を表すが、文脈によっては「たれカ〜シヤ」と反語を表す。「いづレカ〜(連体形)」とよんで〝どちらが〜か〟の意味もある(**例文44**)。

例 **創業守成孰難。↓創業と守成と孰れか難き。**
(どちらが難しいか。)

重要

公

意味(用法)

◉おおやけ(公共・朝廷・表向きに)↕**私**
◉あなた(諸侯や目上の人に対して)
◉諸侯の称(斉の恒公・魯の哀公)＝**本例**

ちなみに春秋時代は建前上、周王の権威を認め、斉・楚などの諸侯は「〜公」と称していたが、戦国時代になると自ら「〜王」と称するようになった。

疑問
例文 30

汝素寡レ愆、何苦為レ盗耶。

（『澠水燕談録』／広島大）

よみ　汝は素より愆ち寡きに、何ぞ苦しんで盗と為るか。

訳　お前はもともと過ちが少ないのに、どうして辛い思いをして盗人になったのか。

疑問

何〜（や）（か）

↓どうして〜か。

本例の場合「なぜ〜」と理由を尋ねる疑問形だが、「何」には意味・用法が多くある（**例文31・32**参照）ので注意。「なんゾ〜ン（や）」（**例文38**）とよめば、反語の意になる。

「何」を含む慣用句は以下の例も覚えておきたい。

何以〜。↓何を以て〜。（どうやって・なぜ〜。）

何也。↓何ぞや。（なぜか。）

何謂也。↓何の謂ひぞや。（どういう意味か。）

何意〜。↓何の意か〜。（どういう気持ちで〜か。）

重要　**すくなシ**　他の漢字

◉**少**　わかシ・まれナリなどともよむ。

◉**寡**　例　衆寡敵せず。　熟　寡占

◉**鮮**　例　巧言令色鮮矣仁。↓コウゲンレイショクすくなキカナじん。（飾った言葉や顔つきにはまごころは少ない。）

疑問 例文31

大夫将二何為一。

（蒲松齢『聊斎志異』／九州大）

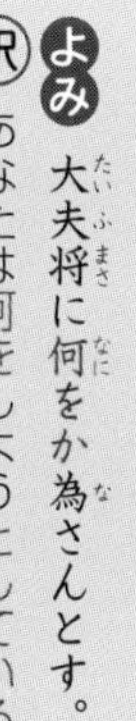

よみ 大夫将に何をか為さんとす。

訳 あなたは何をしようとしているのか。

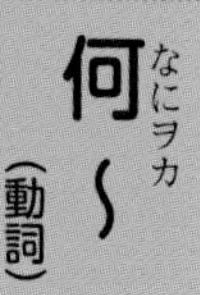

疑問

何(なにヲカ)~（動詞）

↓

何を~（する）のか。

目的語を尋ねる場合は、疑問詞が動詞の前に来て語順が変わる。反語の場合も同様である。

例 何先。↓何をか先にせん。（何を先にしますか。）
何謂~。↓何をか~と謂ふ。（何を~と言うのか。）

「何~」は下にくる語によって、また文脈によって、よみはさまざまである。疑問詞の中で最も頻度の高いものなので十分に慣れておきたい。

重要 相手の呼び方（二人称）

- **なんぢ**（汝・若など）↓敬意を込めずに
- 身分で呼ぶ（王・公・卿・大夫など）↓敬意を込めて
- **子**（シ）↓一般的な敬称
- **先生**↓師として敬って
- **叟**（ソウ）↓老人を敬って

疑問
例文 32

何処秋風至
蕭蕭送㆓雁群㆒

（劉禹錫「秋風引」）

よみ 何れの処よりか秋風至る。蕭蕭として雁群を送る。

訳 どこからこの秋風はやってきたのか。もの寂しげに雁の群れを送る。

疑問

何（いづレノ）**～**（ヨリ）（ニ）カ
（名詞）

↓

どこ（いつ）の～（から・に）

「何」が後の場所や時間を表す名詞にかかる場合にこうよむ。また「いづクニカ」とよみ、「安」（例文34）同様〝どこに〟と場所を尋ねる意味になることもある。「何処」は熟語で「いづく（ニカ）」とよむこともある。

例 何年～↓何れの年か～（いつの年か～）
牛何之。↓牛何くにかえく。（牛はどこへ行くのか。）

重要 ～トシテと送る形容語

タリ活用の形容動詞連用形＋接続助詞「して」

- **従容**（しょうよう）（ゆったりと落ち着いて）
- **莞爾**（かんじ）（にっこりと微笑んで）
- **蕭蕭・蕭条・蕭然**（もの寂しく）
- **喟然**（きぜん）（深くため息をついて）
- **悄然**（しょう）（憂い悩んで）
- **憮然**（ぶぜん）（がっかりして・しょんぼりして）

疑問
例文 33

夫子曰、何為不レ去也。曰、無二苛政一。（『礼記』）

よみ 夫子(ふうし)曰(い)はく、「何為(なんす)れぞ去(さ)らざるや」と。曰はく「苛政(かせい)無(な)ければなり」と。

訳 先生（孔子）は言った。「どうして立ち去らないのか」と。答えて言うには「それは苛酷な政治がないからである」と。

疑問

何為(なんすレゾ)～（か）（や）

↓

どうして～か。

「何」に「為（～する）」が加わり、「なんすレゾ」とよむ。意味は疑問（理由）。理由を答える関係で、後にくる文を「已然形＋ばなり」とよんでいることに注意。よく出るよみ方で、「なんすレゾ～ンヤ」と、反語になることもある。「何ぞ～」とほぼ同じ意味。下に名詞が続くときは「なんすル～ゾ」（どういう～か）とよむ。

例 **何為者。↓何為る者ぞ。**（何者だ。）

何 同じよみの漢字

胡 胡不帰。↓胡(なん)ぞ帰らざる。（どうして帰らないのか。）

奚 奚疑。↓奚(なに)をか疑はん。（何を疑うことがあろうか。）

曷 曷為見召。↓曷為(なんす)れぞ召さるる。（どうして呼ばれるのか。）

疑問
例文34

果有㆓不死之人㆒、今皆安在。

（張居正『帝鑑図説』／早稲田大）

よみ　果（はた）して不死（ふし）の人有らば、今皆安（いづ）くにか在る。

訳　もし死なない人がいるとしたら、今みんなどこにいるのか。

疑問

安（いづクニカ）～

↓

どこに～か。

本例の場合は「いづクニカ」とよむが、「いづクンゾ～ン（ヤ）」（どうして～だろうか）とよんで反語を表すことが多い（**例文39**参照）。「いづクニカ」とよんでも文末に「ン（ヤ）」を伴えば反語の意になる。疑問の場合文末は「～（連体形）」か「～終止形＋や」になることが多い。

重要　「疑問」と「反語」

「～ン（ヤ）」と訓読していれば、反語の意味とはっきりするが、文末が「～（連体形）」でも反語になることがある。本例も〝どこにいるのか〟の裏には「どこにもいるはずがない」という気持ちがある。疑問の中に反語の意味があり、疑問が強まって反語になるのであり、はっきりとどちらかに決められないことも多い。

疑問 例文35

勢不レ同而理同。如二吾民一何。

（柳宗元「送薛存義之任序」／大東文化大）

よみ 勢ひは同じからざれど、理は同じ。吾が民を如何せん。

訳 （人民と役人）の権勢は違うが、道理は同じである。我々の人民（の怒り）をどうしようか。

疑問

如何（いかん（セン））

↓

どうしようか。どうするか。

「如何」（奈何・若何）は手段・方法を問う言い方。意味が強くなれば反語の意になる。「いかん（ス）」などともよむ。目的語が入る場合は、「如～何」で、「～を如何せん」とよむ。文頭にあれば「いかんゾ～」で、〝どうして～〟と疑問・反語を表す。

例 無二奈何一。↓奈何ともする無し。

如何涙不レ垂。↓如何ぞ涙垂れざらん。（どうして涙を流さずにいられようか。）〈反語〉

有備無患

柳宗元 **中唐・唐宋八大家▼**中唐の詩人・文章家。韓愈（**例文8**）とともに古文復興に努めた唐宋八大家の一人である。この時代は役人の腐敗が横行した時代でもあり、政治に対する批判精神に満ちたものが多い。白居易・韓愈の詩や文章にも共通する性格である。

吾欲レ之ニ南海一、何如。

（彭端淑「為学一首示子姪」／京都府立大）

よみ　吾南海に之かんと欲す、何如。

訳　私は南海に行きたいと思うが、どうか。

疑問

何如（いかん）

→ **どうだ。どうであるか。**

「何如」（何奈・何若）は状態や程度・是非を問い、「いかん」とだけよむ。「如何」との違いに注意。

重要　欲レ～　**～ント欲ス**

“～したい”“～しそうだ”の意。助動詞「ん（む）」の意味（推量・意志）を表す。「将」「且」の意味に近い。

重要　之　よみ

- ◉**これ、こノ**（代名詞、形式名詞として）
- ◉**の**（連体修飾格や主格として）
- ◉**ゆク**（～を目指して行く）

重要　ゆク　他の漢字（意味）

- ◉**往**（↕来・復　熟往復）
- ◉**行**（進む↕止）
- ◉**之・如**（目的地へ行く　用「～ニ」と共に）
- ◉**征**（遠くへ行く・戦いに行く　熟出征）
- ◉**逝**（行って戻らない・死ぬ　熟逝去）
- ◉**適**（「かなフ」「たまたま」ともよむ）

疑問
例文 37

如ㇾ我能将㆓幾何㆒。

（司馬遷『史記』／大東文化大）

よみ 我のごときは能く幾何に将たらん。
訳 私の場合はどれだけの兵の将軍になる能力があるか。

疑問
幾何（いくばく）
↓
どれほど～か。
いかほど～か。

現代でも「幾何学」などと使うが、「幾何」（幾許）は「いくばく」とよむ。「幾」は単独でも「いくばく」とよむほか、「ちかシ」「ほとんど」ともよむ。

例 **相去復幾許。**↓**相去ること復た幾許ぞ。**（どれだけ離れているのか。）

未ㇾ幾↓**未だ幾ならずして**（まだどれほども経たないうちに）

幾㆓於道㆒。↓**道に幾し。**

有備無患
漢の高祖　**「善く将に将たり」**▼漢文の中でも最も人気のある項羽と劉邦（漢の高祖）の抗争。最後に勝敗を分け、漢の天下となったのはなぜか。本例のあと、将軍韓信は言う、「陛下は将軍としての能力は大したことはありません。天授の将に将たるの器があったからです」と。漢の高祖自身も「自分は何の能力もなかったが、多くの能力を持つ者を十分に用いる能力があったからだ」と言っている。

反語

例文 38

帝力何有於我哉。

（曽先之『十八史略』）

よみ　帝力何ぞ我に有らんや。

訳　帝の力などどうして我々の生活とかかわりがあろうか（いや何の関係もない）。

反語

何~哉

↓

どうして~だろうか（いや~でない）。

反語の最も基本的な形。文末に「乎・邪・耶・也」など「や」とよむ助字を伴うことが多い。反語の場合は「~ン（や）」と推量の助動詞を補ってよみ、くどい気もするが、必ず「いや~」と裏の意味まで取って訳すようにしたい。同じ形でも疑問のこともある（**例文30**）。

有備無患

無為の治　伝説時代、堯帝は五十年治めても、天下が治まっているのか、治まっていないのか分からなかった。あるときおしのびで出た町で、老人が歌っていた詩の一節が本例。人民は、治められているという意識が全くないままのどかに平和に暮らしている。老子の「無為自然」の思想の影響があろうが、「無為の治」として最高の理想の治め方とたたえられた。堯帝はその後の舜帝とともに、理想の聖天子とされた。

反語 例文39

子非レ魚、安知二魚之楽一。

（『荘子』／同志社女子大）

よみ 子は魚に非ず、安くんぞ魚の楽しみを知らん。

訳 あなたは魚ではない。それなのにどうして魚の楽しみが分かるのだろうか（いや分かるはずがあるまい）。

反語

安〜（いづクンゾ〜ン（ヤ））

↓

どうして〜だろうか（いや〜でない）。

典型的な反語形。「乎・哉・邪」などと呼応することが多く、「〜ンや」とよむのが普通。本例の場合は単なる疑問とも取れるが、その場合でも反語の気持ちがその中にあるわけである。疑問の裏の意味をしっかりつかむことが大切である。

有備無患

荘子の思想 **万物斉同**▼荘子は孟子と同時代の戦国時代の思想家。儒家の言う仁義礼智による道徳を人間のこざかしい知恵によるものだと批判し、また万物の根源は同一（**万物斉同**）で物の差異は一時的なものだと主張した。なにものにも束縛されない、また万物・自然と一体となった**無の境地**を理想とした。本例にもその考えの一端が伺える。

反語
例文 40

以レ友観レ人、
焉所レ疑。

（『荀子』／國學院大）

よみ　友（とも）を以（もつ）て人（ひと）を観（み）れば、焉（いづ）くんぞ疑（うたが）ふ所（ところ）あらん。

訳　その友を観察すれば、どうしてその人物について疑わしいことがあろうか（どんな人物かはっきり分かるはずだ）。

反語

焉（いづクンゾ）～ン（ヤ）

↓

どうして～だろうか（いや～でない）。

「いづクンゾ」とよんで、「安」同様に用いる用法。あとに「乎」などの助詞がなくても「～ン（ヤ）」とつけ加えてよむこと。

重要　**いづクンゾ**　他の漢字（頻度順）

◉安　◉焉
◉悪（例文69参照）
◉寧（例文48参照）
◉烏　◉庸

例　悪論二此事一乎。↓悪くんぞ此の事を論ぜんや。
（どうしてこのことを議論したりしようか。）

重要　**焉**　よみ・用法

◉いづクンゾ・いづクニカ（疑問詞）
◉ここニ（場所を表す）・これヨリ（＝於之）

例　吾子死レ焉。↓吾子焉（ここ）に死す。
莫レ大レ焉。↓焉（これ）より大なるは莫し。（これ以上大きなものはない。）

◉句末の置き字

反語
例文41

天下豈聞㆔死人可㆓復活㆒耶。

（干宝『捜神記』／法政大・立教大）

よみ 天下(てんか)豈(あ)に死人(しにん)の復(ま)た活(い)くべきを聞(き)かんや。

訳 世の中、どうして死人が再び生き返ることができるという話を聞くだろうか（いや、聞いたことがない）。

反語

豈(あニ)～ン(ヤ)

↓

どうして～だろうか（いや～でない）。

最頻出の反語形である。「豈」に限らず反語形はすべて文末に「也・乎・耶・哉」など「や」とよむ助字を伴うことが多い。

「豈不～」は「豈に～ざらんや」（反語）の他、「豈に～ずや」（なんと～ではないか）とよんで、感嘆を表す用法もある（**例文78**）。

重要 **復** 用法

「また」（**例文62**参照）とよみ、〝一度あったことが再び〟の意。部分否定の用法もある（**例文9**参照）。

参照 **可……～することができる**（**例文14**）

有備無患 **干宝『捜神記』** 「そうしんき」とよむ。東晋の時代に編集された。鬼神・妖怪の説話集で、仏教の因果応報の思想も強くみられ、入試での出題も多い。

反語
例文 42

不仁者可二与言一哉。

（『孟子』／桜美林大）

よみ　不仁者は与に言ふべけんや。

訳　不仁（広い思いやりの心のないもの）の者とともに話し合うことができようか（とても話し合うことはできない）。

反語

可レ～哉

↓

～することができようか（いや～できない）。

「可～哉（乎・耶など）」で反語。習慣で「べからんや」ではなく「～べけんや」とよむことを覚えておく。「安可～」「豈可～」の形でも同様。「可」は可能の意であることが多いが、「可不～（哉）」は義務の意。

例　**可レ不レ勉乎。→勉めざるべけんや。**（努力しなくてよいか、いや、しなくてはいけない。）

有備無患

仁とは　人間愛、思いやりを基調にしたものではあるが、思いやりは何かに偏ることもあろう。人間的な情愛が、社会の中で、学問、修養によって義や礼や智とともに最高度に完成されたものが「仁」であり、孔子・孟子の中心思想になっている。

古代思想の流れ（例文45）

老子─荘子（無為自然）
↕
孔子［仁思・礼学］
→ 孟子（仁義王道）（儒家）
→ 荀子（礼学重視）（儒家）
↕
韓非子（法家）

反語 例文43

寡人敢勿レ軾乎。

（『淮南子』／國學院大）

よみ 寡人（かじん）敢（あ）へて軾（しょく）すること勿（な）からんや。

訳 私はどうして車上から礼をしないでいられようか。

反語

敢不レ～（あヘテ ざランや）

↓

どうして～しないだろうか（いや～だ）。

「不敢～」（**例文17**）が「敢不～」になると反語形になる。「敢勿～」も同様に反語。また「不独～」は否定（累加形 **例文71**）、「独不～」（**例文61**）は反語。全否定と部分否定の形の違いなどとともにきちんと理解しておくこと。

重要 **自分の呼び方（一人称）**

◉**我・吾（ワレ）、余・予（ヨ）**→普通に〝わたし〟の意味で（「私」は一人称では用いない）

◉**妾**→女性が（〝めかけ〟の意もある）

◉**僕**→友人に対して（**例文66**参照）

◉**臣**→王侯に対して臣下が

◉**寡人・孤**→諸侯や王が（**例文9**参照）

◉名で呼ぶ（**名＝本名↔字＝成人名**）

（妾〜名で呼ぶ）→謙遜して言う語

比較 例文44

吾与二徐公一孰美。
徐公不レ若二君之美一。

（劉向『戦国策』／大阪教育大）

よみ 「吾と徐公と孰れか美なる。」「徐公は君の美に若かず。」

訳 「私と徐公とではどちらが美しいか。」「徐公はあなたの美しさには及ばない。」

比較

A不レ若レB

↓

AはBに及ばない。AよりもBのほうがよい。

比較の最も典型的な形。どちらがよいのか間違えないこと。＝A不如B

疑問

孰～

↓

どちら が～（よい）か。

「たれカ」のよみ（例文29）もある。

重要 **—、孰若～** 孰～の類似形

「—、孰若～」は「—ヨリ（ハ）、—ニいづれゾ」とよむ。〝—と～とどちら（がよいの）か〟の意。

重要 **A与B** よみ・訓点の打ち方

「月と自分の影」（例文4）という場合、何の影かがあいまいなので、誤解を避けるために「と」を二回よむ。

A与レB→AとBと

比較
例文45

青取二之於藍一而青二於藍一。

（『荀子』／高知大）

よみ　青は之を藍より取りて藍よりも青し。

訳　青色の染料は藍の草から取るが、もとの藍の草よりも色が青い。

比較

A ハ ～ 二 於 B 一（ヨリ（モ））

↓

AはBよりも～だ。
AはB以上に～だ。

置き字「於・乎・于」を用いる比較。本例の最初の「於」も「～ヨリ」と送るが、本例の場合は起点（材料）を表し、"～から"と訳す。比較の場合は「～ヨリモ」とすることが多い。

重要　置き字と送り仮名

於・乎・于（～ヨリ・ニ・ヲ）
而（～テ・シテ・ニシテ・ドモ）
矣・焉（特に送らない）

有備無患

古代思想の流れ　孔子は、人間の内面「仁」（人間愛の理想形）と外的規範「礼」（道徳・制度等の理想）を重んじた。「仁」の考えを発展させたのが性善説に立つ孟子である。「礼」の考えを発展させたのが性悪説に立つ荀子で、必然的に学問を重視した。荀子に学んだ韓非子は「礼」を徹底させて「法」を説いた。

比較
例文 46

三代以後、有二天下一之善者莫レ如レ漢。

（唐甄『潜書』／早稲田大）

よみ 三代以後(さんだいいご)、天下(てんか)を有(ゆう)するの善(よ)き者(もの)は漢(かん)に如(し)くは莫(な)し。

訳 （夏・殷・周の）三代以後、天下を取って立派だったのは、漢代に勝るものはない（及ぶものはない）。

比較

莫(なシ)レ如(しクハ)レ～(ニ)

↓

～に及ぶ（勝る）ものはない。～が一番だ。

最上級の意。＝**莫若～**

重要 如 よみ（意味）

●**～ニしク**（及ぶ・勝る）**例文44・46**
●**～ノ（ガ）ごとシ**（～のようだ）
●**もシ～バ**（もし～ならば）**例文59**
（以上三つ）＝**若**
●ゆク（～へ行く）

有備無患

三代（夏・殷・周） 帝位は**堯↓舜↓禹**と人徳のある賢者に受け継がれたが**（禅譲(ぜんじょう)）**、禹王以下は**世襲**となり**（夏王朝）**、桀王に至り武力で殷の湯王が取って代わる**（放伐）**と、殷王朝も紂(ちゅう)王が周の武王に倒される。堯・舜と禹王・湯王・武王（三王）は中国古代の理想の聖王、夏・殷・周は理想の時代とされ尊ばれ続けた。桀王・紂王は暴君の代名詞で、「桀紂」と熟語で用いる。

比較 例文47

天下莫（三）柔（二）弱于水（一）。

（『老子』）

よみ 天下（てんか）に水（みず）より柔弱（じゅうじゃく）なるは莫（な）し。

訳 天下に水よりも柔らかく弱いものはない。

B以上にAであるものはない（Bが最もAである）。

一般に、莫（無）＋形容詞・形容動詞＋於（于）＋名詞の形が最上級の句形。

莫

「無」と同様「なシ」とよむが、否定よりも最上級の意味でよく使われる。現代語の「**莫大**」（これ以上ないくらい大きい）という熟語の意味にも残っている。

有備無患

老子の思想

無為自然▼儒教の仁義による政治は偽りだとし、無欲で、作為をなさない、何者にもとらわれない自然な生き方・政治のあり方を理想とした。漢代初期には特に尊ばれた（**例文38**）。

柔弱謙下（じゅうじゃくけんげ）▼水のように最も弱々しく柔らかく、常に下に下に流れていくものの中に「柔よく剛を制す」偉大な力があるとする。逆説の中に真実の一面を見出している。

比較
例文 48

寧悔レ不レ撃、不レ可レ悔レ不レ止。

（沈括『夢渓筆談』／名古屋大）

よみ 寧ろ撃たざるを悔ゆるも、止めざるを悔ゆるべからず。

訳 敵を追撃しなかったことを悔いるほうがよく、（敵に不覚を取り）追撃を止めなかったことを後悔してはならない。

比較

寧（むしロ）～、―

↓

（むしろ）～のほうがよく、―

「寧～」と、もう一方のよくないほうとを組み合わせた形がよく用いられる（**例文50**）。現代語でも「むしろ～がよい」と呼応することが多い。本例の場合は禁止「不可～」との比較選択。有名な「**寧ろ鶏口と為るも、牛後と為る無かれ。**」の場合と全く同じ形。

重要 寧 よみ（意味・用法）

◉**むしロ**（比較選択を表す）

◉**いづクンゾ**（どうして 反語を表す）

◉やすシ・やすンズ（熟 安寧）

有備無患

沈括『夢渓筆談』『夢渓筆談』は宋代の沈括（しんかつ）の著した筆談集で、故事・辨証・書画・神奇など十七門に分けて記している。沈括は号を夢渓（むけい）と言う。馴染みのない作品だろうが、入試では頻出である。

比較
例文 49

与㆔其従㆓辟㆑人之士㆒也、豈若㆑従㆓辟㆑世之士㆒哉。

（『論語』／南山大）

よみ 其の人を辟くるの士に従はんよりは、豈に世を辟くるの士に従ふに若かんや。

訳 （立派な人に仕えたいと）人を選り好みする者に従っているよりも、世間を逃れて生きる者に従ったほうがよかろう。

比較

与㆓其～㆒、－（ヨリハ其ノ～ン、－）

～よりも、－

「与其～」と、もう一方のよいほうを組み合わせて用いられる。後には、「寧～」（**例文50**）や命令の形がくる。「豈若～哉」は、比較＋反語の形で、「不若～」と同じ。

例 礼与㆓其奢㆒、寧倹。→**礼は其の奢らんよりは、寧ろ倹なれ。**（つつましやかであれ。）

重要 **与**　よみ（意味）

- ●**あたフ**（与える　熟 供与・給与）
- ●**あづカル**（かかわる　熟 関与・参与）
- ●**くみス**（味方する　熟 与党）
- ●**ともニ(ス)**（**例文42・14**参照）
- ●**～と**（並列→A与B　**例文44**参照）
- ●**～より**（比較　**例文49・50**参照）
- ●～か、～や（文末に用いる）

現代文でも頻出の多義語である。

比較
例文50

与其得小人、寧不若得愚人。
（司馬光『資治通鑑』／広島大）

よみ 其の小人を得るよりは、寧ろ愚人を得るに若かず。

訳 徳のないこざかしい小人を得るよりも、むしろ愚かでも徳のある愚人を得るほうがよい。

比較
与其～、寧ー
↓
～よりも、ーのほうがよい。

例文44＋48＋49の形。直訳すれば〝～よりも、むしろーには及ばない〟。比較選択形の場合は、句法に忠実に訳していくとわけが分からなくなってしまう。比較の対象、どちらがよりよいのかをよく考えた上で、分かりやすい訳にすること。

重要 **人物を表す語** よみ（意味）

- **君子** クンシ（学徳にすぐれ上に立つべき人）
- **大人** タイジン（人格の高い人・男子への敬称）
- **小人** ショウジン（学問・人格の劣った人）
- **大丈夫** ダイジョウフ（立派な大人物）
- **匹夫** ヒップ（身分の卑しいつまらない男）
- **夫子** フウシ（先生）
- **百姓** ヒャクセイ（一般庶民）
- **布衣** フイ（一般庶民）
- **孺子・豎子** ジュシ（子ども・小僧）

使役
例文51

斉使(下)賢者使(二)賢王(一)、不肖者使(中)不肖王(上)。

（『啓顔録』／立教大）

よみ　斉賢者をして賢王に使ひし、不肖の者をして不肖の王に使ひせしむ。

訳　斉の国では賢者を優れた王の所に使者として使いさせ、不肖の者を不肖の王の所に使者として使いさせる。

使役

使(二)ー(ヲシテ)〜(一)

↓

ーに〜させる。

使役の最も基本的な形。使役の対象「ー」（人物、省略されることも）と動詞「〜」をしっかりとつかむこと。本例の場合は、それらが二つ並立になっており、また「使」が「つかヒス」という動詞としても二回出てきていてややこしい。

有備無患

斉の晏子　晏子（晏嬰）は春秋時代末、斉に仕え、節倹力行をもって知られ、斉の力を高めた孔子と同時代の名宰相。その言行が『晏子春秋』としてまとめられている。斉は春秋時代中期、宰相管仲の活躍で恒公が覇を唱えた大国であったが、戦国時代になると次第に衰えていった。ちなみに晏子の時代辺りから諸侯は「侯」から「王」を名乗るようになり、まもなく戦国時代へ入っていく。

使役
例文52

趙王於レ是遂遣ニ相如一奉レ璧西入レ秦。

（曽先之『十八史略』）

よみ 趙王是に於いて遂に相如をして璧を奉じ西のかた秦に入らしむ。

訳 趙王はそこでとうとう相如に璧（宝玉）を持たせて西の方向秦の国に入らせた。

使役

遣（しム）**ニ ―**（ヲシテ）**〜**一

↓

―に〜させる。

「遣」も「しム」と使役の助動詞の意味に用いる。「―ヲシテ〜しム」の形でよむのが基本だが、「遣」を動詞によみ、最後に「しム」を送ることも多い。

例 遣ニ相如一奉レ璧西入レ秦。→相如を遣はして璧を奉じ西のかた秦に入らしむ。

有備無患

戦国の七雄 漢文をよむための常識。国名と位置を覚えること。

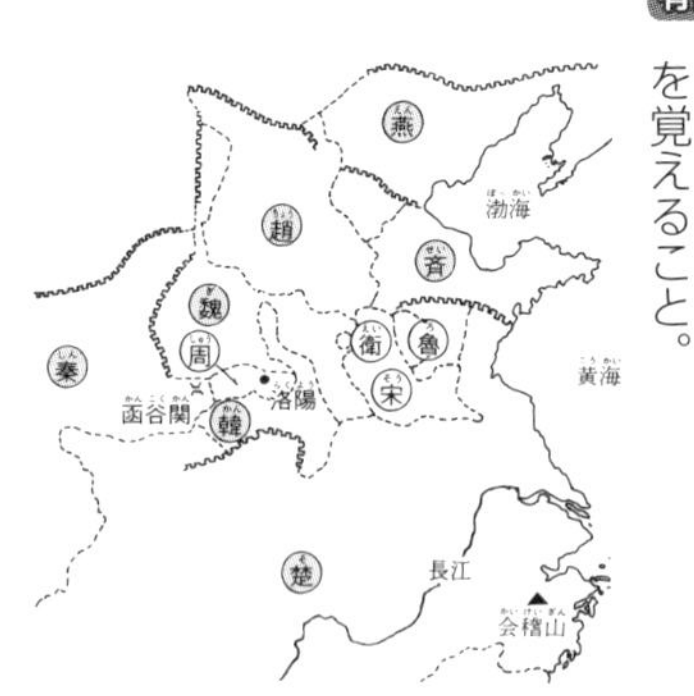

七雄	
国名	都名
秦	咸陽
斉	臨淄
燕	薊
楚	郢
魏	安邑
趙	邯鄲
韓	新鄭

使役
例文53

又令三方士合二霊薬一。

（白居易「李夫人」／早稲田大）

よみ 又方士(またほうし)をして**霊薬**(れいやく)**を合**(がっ)**せしむ。**

訳 更に方士に霊薬を調合させる。

使役

令(しム)ニ**―**ヲシテ**～**一
（教）

↓

―に～させる。

「使」「遣」「令」「教」の四つを「～しム」とよむ使役の助字として覚えておくこと。四つの使い分けはだいたい次の通り。

使（最も一般的に用いる）
遣（派遣して～させる場合）
令（命令して～させる場合）
教（無理に～させる場合）

有備無患

方士 中国には古来から神仙思想があり、その術を行うものを「方士」と言い、漢文にもしばしば登場してくる。魂の救済、神への信仰という意味での宗教意識は乏しかったようであるが、不老長寿・不死・不可思議な術への、ある意味での現実的な信仰として、神仙思想が広く信じられていたようで、秦の始皇帝が多くの方士に不老不死の薬を求めさせた話は有名。

使役
例文 54

故人命㆓豎子㆒殺㆑雁烹㆑之。

(『荘子』/亜細亜大)

よみ 故人豎子(こじんじゅし)に命(めい)じて、雁(かり)を殺(ころ)し之(これ)を烹(に)しむ。

訳 古くからの友人が、召使いの子どもに命じ、雁を殺して煮て料理するように言いつけた。

文脈からの使役

「故人豎子に命じて、(豎子が)雁を殺し之を烹る。」では分かりにくい。漢文では、主語を変えずに、続く文を使役や受身によむ場合が多い。文脈から使役によむのは、次のような動詞の後に多く見られる。

命(〜に命じて)
説(〜に説いて)
召(〜を召して)
教(〜に教えて)
遣(〜を派遣して)

上記の動詞は「〜をしむ」と使役の助動詞によむことも多い。

重要 現代と意味の異なる語

- **遠慮**(えんりょ)(先を見通した深い考え。「慮」は「おもんぱかル」 熟 深謀遠慮)
- **稽古**(けいこ)(昔のことを考え調べること)
- **故人**(こじん)(昔なじみ **例文65**参照)
- **人間**(じんかん)(世間・人間世界)
- **新月**(しんげつ)(出たばかりの月のこと)
- **長者**(ちょうじゃ)(年長者・徳の高い人)
- **百姓**(ひゃくせい)(多くの人民・民衆)
- **傾国**(けいこく)(絶世の美女 ＝**傾城**(けいせい))

受身
例文55

労レ心者治レ人、労レ力者治二於人一。
（『孟子』）

よみ 心（こころ）を労（ろう）する者は人を治め、力（ちから）を労する者は人に治めらる。

訳 心を使って仕事をする者は人を治め、力を使って仕事をする者は人に治められる。

受身

―ニ於（ラ）ル～ニ

↓

～に―（さ）れる。

「於」は、受身のときは「他動詞＋於～」、比較のときは（「ヨリ」と送る）は「形容詞・形容動詞＋於～」の形になるが、下段に示したように「自動詞＋於～」の用法はいろいろな例がある。固定的に覚えないこと。

於・于・乎 置き字の用法（例）

「於・于・乎」の後の名詞に「ニ・ヨリ・ヲ」のいずれかを送り仮名として送る。

◉場所（墜二於水一→水に墜つ）
◉対象（勿レ施二於人一→人に施す勿かれ）
◉時間（自レ古至二於今一→古（いにしへ）より今に至る）
◉目的（学二於文一→文を学ぶ）
◉起点（出二於之一→之より出づ）
◉原因・理由（死二於之一→之に死す）
◉比較（**例文45・47**）
◉受身（**本例**）

受身
例文 56

暉剛ニ於レ為レ吏、見レ忌ニ於上一、所レ在多レ被レ劾。
（『後漢書』／北海道大）

よみ　暉吏たるに剛にして、上に忌まれ、在る所劾せらるること多し。

訳　朱暉は官吏として剛直であったため、上役に嫌われ、どの任地でも弾劾されることが多かった。

受身

見レ～（ラ）る　被レ～（ラ）る

↓

～（ら）れる。

受身の助動詞によむ漢字として覚えておく。他に「所～」「為～」なども単独で「～（ラ）ル」とよむことがある。接続は未然形。助動詞「る」「らる」の活用は

れ／れ／る／るル／るレ／れヨ

らレ／らレ／らル／らルル／らルレ／らレヨ

重要　為　よみ（意味）

◉～（ヲ）なス（する・行う）
◉～（ト）なス（～とみなす・考える）
◉以為→おもヘラク（**例文72**）
◉つくル　◉をさム（治める・学ぶ）
◉～（ニ・ト）なル（～に成る）
◉～（ノ・ガ）ためニ
◉～たリ（断定）　◉～（ラ）る（受身）

参照→見……例文95
動詞としても多くの意味がある。

受身 例文57

妾不レ能レ為ニ人所レ制。

（劉向『列女伝』／國學院大）

よみ　妾人の制する所と為ること能はず。

訳　わたしは人に束縛されることはできない。

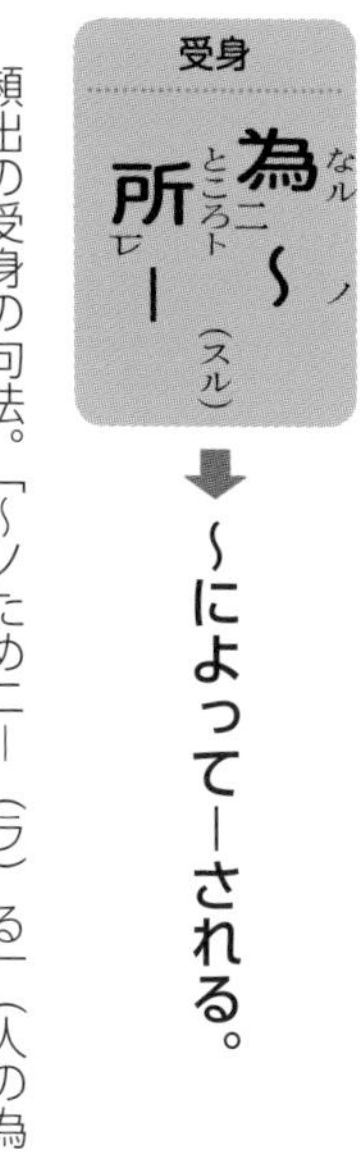

頻出の受身の句法。「〜ノためニー（ラ）る」（人の為に制せらる）とよむこともあるが、意味は同じ。「為」「〜」「所」の各部分がそれぞれ省略されることもある。

例　**身為ニ宋国笑一↓身は宋国の笑ひと為れり。**（自身は宋の国の人に笑われた。）

且レ為レ所レ虜↓且に虜とする所と為らんとす。（きっと捕虜にされるでしょう。）

為レ所レ殺↓殺す所と為る。（殺された。）

有備無患

劉向の著作　劉向は前漢時代末の学者。『列女伝』『説苑』『新序』などを著した。史実や策士たちの弁舌を記した『戦国策』は、戦国時代の名の由来となった。いずれも頻出の作品である。ちなみに春秋時代の名は、五経の一つ、魯の国の歴史を記した『春秋』による。

受身

例文58

項氏世世為$_{二}$楚将$_{一}$。封$_{二}$於項$_{一}$。故姓$_{二}$項氏$_{一}$。

（司馬遷『史記』）

よみ 項氏(こうし)世世(よよ)楚(そ)の将(しょう)たり。項に封(ほう)ぜらる。故(ゆえ)に項氏を姓(せい)とす。

訳 項氏は代々楚の将軍となる家柄であった。項の地に所領を与えられていた。そのために項氏を姓とした。

文脈からの受身

「封於項」の「於」は場所を表す置き字で受身の意味ではない。〝（楚王が）項に封じた〟わけだが、文脈上「項氏」が主語なので受身によむ。主語を変えずに、続く文を使役や受身によむことは多い（**例文54**参照）。

例 （蘇秦）遊$_{二}$説秦恵王$_{一}$不$_{レ}$用。→秦の恵王に遊説して用ゐられず。

重要 音で意味の変わる漢字

- **封** **フウ**→閉じ込める（熟封鎖・封筒）
  ホウ→領地を与える（熟封建）
- **重** **ジュウ**→重い（熟重病）・重んず（熟重視）
  チョウ→重なる（熟九重）・大切（熟貴重）
- **暴** **ボウ**→暴れる・粗い（熟暴動・暴論）
  バク→あばく・さらす（＝**曝** 熟**暴露**）
- **率** **ソツ**→ひきいる（熟引率）・かしら（熟将率）
  リツ→割合（熟比率）

仮定
例文59

若果有レ神、可レ顕二一験事一。

（『後漢書』／法政大）

よみ 若（も）し果（はた）して神（かみ）あらば、一験事（いちけんじ）を顕（あらは）すべし。

訳 もし本当に不思議な力があるならば、証明となる事実をここに示してみよ。

仮定

若（もシ）～（バ）

↓

もし～ならば

後に、「未然形＋バ」を伴い仮定条件を表す。 ＝**如**

重要 **もシ** 他の漢字
如・仮・向使・即など

例 如詩不レ成、↓如し詩成らずんば、

重要 **若** よみ（意味）

- ◉**～ノ・ガごとシ**（～のようだ）
- ◉**～ニしク**（～に及ぶ・勝る）
  - 用「不若」「莫若」の形で比較形
  - （以上 ＝**如**）
- ◉**もシ～バ**（もしも～ならば）
- ◉**なんぢ**（あなた ＝**汝**）

重要 **あらはル・あらはス** 他の漢字

- ◉**見**（熟発見） ◉**現**（熟出現）
- ◉**著**（熟著名・著作） ◉**表**（熟発表）
- ◉**顕**（熟露顕） ◉**露**（熟暴露・露出）

仮定
例文 60

苟能前知、事有不利者、可遷避之。

（沈括『夢渓筆談』／鹿児島大）

よみ 苟くも能く前知せば、事に不利有る者、之を遷避すべし。

訳 もし仮に前もって分かれば、不利なことがあった場合に、これを他に移し避けることができよう。

仮定

苟（いやしクモ）〜（トモ）バ

↓

もし（仮にも）〜ならば（としても）

「もシ（若・如）」よりも仮定の意が強い。順接仮定条件を表すことが多いが、逆接（いやしクモ〜トモ）となって下に続くこともある。漢文の場合送り仮名は「シクモ・クモ・モ」と決まりはなく、まちまちである。

重要 **者** 用法

人物・事柄にかかわらず、時間や取り立てて強く言う場合にも用いられ、「もの・こと・は（助詞）」とよんだり、よまないこともある。

例 今者→いま　昔者→むかし

重要 **返り点** 熟語を含む場合は

注意

④②③①

可三遷二避一之

仮定
例文 61

縦彼不レ言、籍独不レ愧二於心一乎。

（司馬遷『史記』）

よみ 縦（たと）ひ彼（かれ）言はずとも、籍（せき）独（ひと）り心（こころ）に愧（は）ぢざらんや。

訳 たとえ彼らが何も言わなくても、私（項羽）はどうして恥ずかしく思わないでいられようか。

仮定

縦（たとヒ）～（ト）モ

⬇

たとえ～としても

逆接の仮定条件を表し、「たとひ」は口語の〝たとえ〟に当たる。

重要 **たとヒ** 他の漢字
縦令・仮令・仮使

例 仮令遭レ禍↓仮令（たと）ひ禍（わざはひ）に遭（あ）ふとも（たとえ災いに遭遇しても）

重要 **反語** 独不～

「独り～ざらんや」とよみ、反語となる。「不独～」は「独り～のみならず」（**例文71**）とよむ。**例文17・43**参照。

有備無患

名と字 **なとあざな**▼項羽は、名（本名、幼名）が「籍」で、字（アザナ・成人名）は「羽」。一般に名を言えば卑しめた呼び方になり、自称（〝私〟の意）に使うことが多い（**例文43**）。字は敬った呼び方になる。

仮定
例文 62

此丞相庁門。雖二丞郎一亦須レ下。

（沈括『夢渓筆談』／センター試験）

よみ　此れ丞相の庁門なり。丞郎と雖も亦た須らく下るべし。

訳　ここは宰相の役所の庁門である。次官であっても他の者同様に馬から下りなければならない。

仮定

雖レ～ト（いへどモ）

⬇

～であっても（けれども）

本例の場合は逆接仮定条件を表すが、漢文では確定と仮定の区別があいまいで、次のように「～けれども」という逆接確定条件の意味で用いることもある。

例　門雖レ設而常関↓門は設けたりと雖も常に関せ（とざ）り。（門は設けてあるけれども常に閉じられている。）

重要　相　よみ（意味）

◉ソウ（互いに・様子　熟相互・様相）

◉ショウ（大臣　熟宰相・首相・相国）

重要　また　他の漢字（用法）

◉又（その上更に　例文73）

◉復（またしても・再び　例文9・41）

◉亦（～もまた同様に　本例）

亦は、〝なんと～〟（感嘆）の意味もある（例文76）。安易に〝また〟とだけ訳さないこと！

参照⬇須……再読文字（例文4）

仮定
例文63

使二臣失レ信、則不レ能レ用レ人矣。

（欧陽脩『帰田録』／筑波大）

よみ 臣(しん)をして信(しん)を失(うしな)はしめば、則(すなは)ち人を用(もち)ふること能(あた)はず。

訳 私が信頼を失ったならば、人を用いることができなくなる。

仮定

使(しメバ)二〜(ヲシテ)ー一

↓

〜に―させたなら
〜が―したならば

「使〜」は使役の句法だが、下に続いていく場合には、文脈によって、仮定条件を表す。「私に―させてくれたなら」という言い方は現代でもよく用いられるが、〝〜が―したならば〟と意味を取れば、どういうことか分かりやすい。

有備無患

唐宋八大家 頻出代表的文章

唐・**韓愈**(かんゆ)（雑説・師説・論仏骨表）
唐・**柳宗元**（送薛存義之任序・捕蛇者説）
宋・欧陽脩(おうようしゅう)（朋党論・春秋論・帰田録）
宋・王安石（読孟嘗君論・周公論）
宋・蘇洵(そじゅん)（史論・管仲論）
宋・蘇軾(そしょく)（赤壁賦・正統論）
宋・蘇轍(そてつ)（三国論・六国論）
宋・曽鞏(そうきょう)（思政堂記）

蘇軾の号は東坡。豚の角煮を東坡肉と呼ぶのはグルメな彼にちなんで。

東坡肉（トンポーロー）

仮定
例文 64

非レ礼勿レ視。
非レ礼勿レ聴。

（『論語』）

よみ 礼(れい)に非(あら)ざれば視(み)ること勿(な)かれ。礼に非ざれば聴くこと勿かれ。

訳 礼にかなったものでなければ、じっくり見てはならない。礼にかなったものでなければ、じっくり聞いてはならない。

重要 みル 見方もいろいろ

● **看**（手をかざしてよくみる 熟看病）
● **観**（注意して細かくみる 熟観察）
● **視**（一点をじっとみる 熟注視・視力）
● **瞰(かん)**（高い所からみる 熟鳥瞰）
● **見**（何の気なしにみる）
● **診**（病状をみる 熟診察）
● **瞥(べつ)**（ちらっとみる 熟一瞥(いちべつ)）
● **覧**（目を通す 熟一覧・閲覧）

否定～＋否定―の仮定

「不～、不―」（**例文20**）のように、「否定句＋否定句」は大抵、上が仮定条件で下に続く。「～ずんば」とよむことが多い（**例文20**）が、本例は「～れば」と已然形でよむのが習慣。漢文のよみでは仮定と確定の区別があまりなく、「已然形＋ば」でも仮定条件を表す。

重要 きク この差は大きい

● **聞**（自然に聞こえるものを聞く 熟外聞）
● **聴**（じっと耳を傾けて聞く 熟視聴・傾聴）

仮定
例文 65

西出二陽関一、無二故人一。

（王維「送元二使安西」）

よみ 西のかた陽関（ようかん）を出（い）づれば故人（こじん）なからん。

訳 西の方角、陽関を出たならば、もう親しい友人はいないだろう。

文脈からの仮定 本例は安西に赴任する人を送る詩の結句であるが、**例文64**と同様「已然形＋ば」の形で、仮定条件を表し下に続いている。本例の場合は「出でなば」（「な」は完了の助動詞の未然形）とよむこともある。古文の文法にこだわると、よみに際しての仮定と確定の区別は気になるが、習慣の問題であり、そういうものとして頭に入れておこう。

重要 **故** よみ（意味）

◉こと（災い・非常時 熟事故）
◉**ことさらニ**（わざと・特に 熟故意）
◉**ふるシ**（＝**旧昔の・古い** 熟故事・故人）
◉**もとヨリ**（＝**固** 以前から・もともと）
◉ゆゑ(ニ)（理由・わけ・だから）

有備無患

王維 盛唐（玄宗皇帝の時代）の詩人、画家。絵に描いたような自然の美しさやその自然と融合した人間生活の楽しさを多く詠み、仏教への深い信仰から「詩仏」と呼ばれた。この世の矛盾や非合理を詠んだ「詩聖」杜甫（**例文86**）、自由奔放な生き方をし、超俗的な趣を詠んだ「詩仙」李白（**例文81**）と並び称される。

抑揚
例文 66

此句他人尚不レ可レ聞、況僕心哉。

（白居易『与微之書』／香川大）

よみ　此の句他人すら尚ほ聞くべからず、況んや僕の心をや。

訳　この言葉は他人でさえも聞くにたえないほどだ。まして私の心としてはなおさら（聞くにたえないこと）だ。

抑揚

A尚（なホ）B（スラ）、況（いはンヤ）C（ヲヤ）

↓

AでさえBだ、ましてCならなおさら（B）だ。

抑揚の基本形。「Aでさえ」と**抑**え、「ましてCは」と**揚**げる。「尚」の代わりに「且」（かツ）もよく用いる。「尚」「且」の上に「～スラ」（～さえ）という副助詞を補ってよむことで抑揚の意が表される。

例　死馬且買レ之、況生者乎↓死馬すら且つ之を買う、況んや生ける者をや。

重要　**況**　いはんや～ヲや

「いはんや」は「言ふ」＋助動詞「ん」＋反語の係助詞「や」の形。〝～を言うだろうか、言うまでもない〟が原意。

重要　**僕**　謙遜の自称

本来〝召使い〟の意。転じて謙遜の自称を表す。**例文43**参照。

抑揚
例文 67

臣死且不レ避、卮酒安足レ辞。

（司馬遷『史記』）

よみ 臣(しん)死すら且(か)つ避(さ)けず、卮酒(ししゅ)安(いづ)くんぞ辞(じ)するに足(た)らん。

訳 私は死でさえも恐れません。まして大杯の酒などどうして辞退するほどのことがありましょうか。

抑揚

A 且(スラかツ)B、安(いづクンゾ)C ン(ヤ)

↓

Aでさえ Bだ、ましてどうしてCしようか(いやCしない)。

抑揚の基本形。「且ツ」で抑え、揚げる部分が反語で示されている。副助詞「スラ」は言外のより重い事柄を類推させる働きを表す。言外のものが、「まして」の後に「C」として示されるわけである。

重要 且 よみ（意味）

◉～スラかツ（～さえも　抑揚の意）
◉かツ（なおかつその上に　添加の意）
◉まさニ～ントす（きっと～だろう・今にも～しそうだ　例文6）
◉しばらク（ひとまず・かりに）

参照→臣……例文43。
足……例文18。
辞……例文81。

抑揚
例文68

況如ニ斯人一者、豈易レ得哉。

（韓愈『送区冊序』／國學院大）

よみ 況(いは)んや斯(こ)の人のごとき者、豈(あ)に得易(えやす)からんや。

訳 ましてこのような（優れた）人は、どうして容易に得られようか（いや、めったに得られないものだ）。

況〜＋反語の抑揚　抑揚形の抑えの部分が省略され、「なおさら〜」の「〜」の部分が反語で表現された形。しばしば出される。

重要 **こレ・こノ・かくノ**　他の漢字（用法）

- ●**是**（以前の内容を受けて）
- ●**斯**（強意を含む）
- ●**此**（近くのものを指示　↕**彼**）
  例 如レ此。↓此(か)くのごとし。
- ●**惟**（発語・強意としても　**例文69**参照）
- ●**之**（直前のものを指示　**例文36**参照）

重要 **易**　よみと意味・音

- ●やすシ（容易だ・〜しやすい　↕**難**）
  返読文字
  例文13・84も参照。
- ●をさム（治める）
- ●あなどル
  ―― イ
- ●**かフ・かハル**（換える・交換する）
  熟 交易・改易
- ●エキ（占い・易者）
  ―― エキ

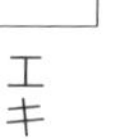

限定
例文69

子曰、惟仁者能好レ人、能悪レ人。
（『論語』）

よみ 子曰はく、「惟だ仁者のみ能く人を好み、能く人を悪む」と。

訳 先生が言った、「仁者だけが本当に人を好きになることができ、人を憎むことができるのだ」と。

限定
惟（タダ）～（ノミ）
↓
～だけ（だ）。

限定の意を表す。限定の意の副助詞「のみ」を補ってよむ。「～のみ」とよむ限定の助字（例文70）と呼応したりすることも多い。

重要 惟 よみ（意味）
◉たダ～ ◉おもフ（思う 熟思惟）
◉こレ・こノ（発語・強意）

重要 「たダ」とよむ漢字（現代の用法）
惟 唯（熟唯一）
只（熟只今）
特（熟独特） 但（「ただシ」）
直（「ただチニ」） 徒（熟徒労・徒歩）

重要 悪 意味（用法）
◉わろシ・あシ（熟善悪）
◉みにくシ（熟醜悪）　アク
◉にくム（熟嫌悪・憎悪）
◉いづクンゾ・いづクニカ（反語）　オ

限定
例文70

雖レ欲レ従レ之、末レ由也已。

（『論語』／中央大）

よみ 之に従はんと欲すと雖ども、由末きのみ。

訳 この人（孔子）についていきたいけれども、（高くそびえていて）手掛かりが得られないのだ。

限定

～已（のみ）

↓

～だけだ。
～に過ぎない。
～なのだ。

文末にあって「のみ」とよみ、限定だけでなく強意の意を表す。「のみ」とよむ他の助字も覚えておこう。

重要 「のみ」とよむ主な助字

已　**而已**（例文72参照）　**而已矣**
耳　**爾**（例文7参照）

いずれも限定・強意を表し、頻出。

重要 **已** よみ（用法）

◉～のみ　◉**すでニ**（已然→已に然り　＝**既**）
◉**やム**（不得已而→已むを得ずして＝**止**　例文87）

参照➡雖……例文62

本例では逆接確定条件を表している。

有備無患

「巳」「己」「已」の覚え方

「ミ（巳）」は上につき、「おのれ・つちのと（己）」は下につき、「すでに・やむ・のみ（已）」は中ほどにつく。

限定

例文 71

故郷何独
在二長安一

（白居易『白氏文集』）

よみ 故郷(こきょう)は何(なん)ぞ独(ひと)り長安(ちょうあん)に在(あ)るのみならんや。
〔のみ在らんや。〕

訳 故郷はどうして長安にだけあるものだろうか
（長安以外にもあるのだ）。

限定

何(なんゾ)独(ひとリノミナランヤ)～

↓

どうして～だけであろうか（～だけではない）。

「独」は「ひとリ」とよむが〝一人〟の意味はなく、後に「ノミ」とよむことで限定の意を表す。「何ぞ～んや」の反語の意が加わり、〝～だけでなく、さらにあるのだ〟という累加の意が加わっている。英語の not only ～ but also が形の上でも意味の上でも近い。

＝ **「不独～」「非独～」**

例 悲嘆者非二独我一↓悲嘆せし者は独り我のみに非ず。（他にもいるのだ。）

重要 **限定の意を表す他の副詞**

◉**独**（ひとリ） 熟独特）

◉**僅・些・纔**（わづかニ 熟僅少・些少）

有備無患

『白氏文集』 中唐の白居易（字は楽天）の詩は平安時代に「はくしもんじふ」として最も愛好された。本例を含む詩は『枕草子』の「香炉峰の雪はいかならん」の一節にも用いられて有名であり、他『源氏物語』などにもよく引用されている。

累加
例文72

回以為、此哭声非下但為二死者一而已上。

（『孔子家語』／立教大）

よみ 回以為へらく、此の哭声は但だに死者の為にするのみに非ず、と。

訳 私（顔回）は思う、この激しく泣く声は、ただ死者のためばかりではない（他に理由があるようだ）、と。

累加

非二但ニ～而已一（あらズたダニ～のみニ）

↓

ただ～ばかりではない。

「否定語＋限定」で累加の意を表す。「たダ」も「たダニ」とよんで区別する。

重要 **以為～・以謂～**

「―を以って～と為す」の「―」が省略され、熟語として「おもヘラク～」（思うことには～）とよむ。

例 以レ我為レ不レ信、↓我を以て信ならずと為さば、
（私のことを信じられないと考えるならば、）

重要 **「未然形＋ク」（～ことには）の例**

- おもヘラク（「思ふ」の已然形＋完了の助動詞「り」の未然形＋「ク」）
- **いはク**（「曰～」）
- **ねがハクハ**（「願～」）**例文79**
- きくナラク（「聞～」「聞道～」「聞説～」）
- こひねがハクハ（「庶～」「庶幾～」「冀～」）**例文80**

累加
例文73

豈唯怠レ之、又従而盗レ之。

（柳宗元「送薛存義之任序」／大東文化大）

よみ 豈に唯だ之を怠るのみならんや、又従ひて之を盗む。

訳 （今の官吏は）どうしてただこれ（仕事）を怠っているだけであろうか、それればかりでなく、その上これ（人民の租税）を盗んでもいる。

累加

豈（あニ）唯（たダ）～（ノミナランヤ）又（また）―

どうして～だけであろうか（それればかりでなく）、その上―。

「反語＋限定」で〝～だけでなく〟という累加を表し、さらにその上何があるのかという累加の内容が「又―」によって明示されている形。重なっている一つ一つの句形・語の意味を正確に捉えた上で、要するに何が言いたいのかをしっかりつかんでいくこと。

重要 **又** 意味

〝さらに、その上〟という添加の意を表す。（「また」例文62参照）

重要 **唯** 意味・用法

◉限定・累加（「たダ～」）熟唯一・唯物論

◉はい・分かった（音は「イ」）熟唯々諾々

感嘆
例文 74

嗟乎師道之不レ伝也久矣。

（韓愈『師説』／大東文化大）

よみ 嗟乎(ああ)師道(しどう)の伝(つた)はらざるや久(ひさ)し。

訳 ああ、世に師の道が伝わらなくなってもう久しいことだ。

感嘆

嗟乎(ああ)～

感動詞として文頭に用いる。

次を「ああ」とよめるようにしておこう。

嗚　嗟　噫　嗚乎　嗚呼　嗟呼

また文末に「かな」とよむ助字（「哉・乎・夫・与」など）を伴うことが多い。

例 **嗚呼哀哉。**↓嗚呼、哀しいかな。（ああ、かなしいなあ。）

重要 ～也―（久）矣

倒置によって「―（久）」が強調された形で、これも一種の感嘆形である。

重要 也　よみ（用法）

◉**や**（間投助詞　上の語句を取り立てて示す。詠嘆の意）

◉～や・か（疑問・反語・強意）

◉**なり**（断定・強調の語気を表す）

◉置き字（よまない）

感嘆
例文75

牡丹之愛、宜乎衆矣。
（周敦頤『愛蓮説』）

よみ 牡丹(ぼたん)を之(これ)愛(あい)するは、宜(むべ)なるかな衆(おほ)きこと。
訳 牡丹を愛好する人の多いのは、もっともなことだなあ。

感嘆

〜乎(かな)

文末にあって「かな」と終助詞によみ、〝〜だなあ〟という詠嘆の意。

次の助字を用いるが、いずれも疑問・反語で「や」とよむなど意味用法は多く、固定的に覚えないこと。

哉　乎　夫　与　也　乎哉　矣哉

重要　**之＋動詞**　倒置

目的語（補語）を強調するために動詞の前に出した形（**例文92**参照）。

重要　**宜**　よみ（**意味・用法**）

◉**よろシ・よシ**（よろしい　熟便宜・時宜）
◉**むベナリ**（もっともだ）
◉**よろシク〜ベシ**（再読文字　**例文6**）

有備無患

道学（宋学）　北宋の周敦頤(とんい)より始まる宋学は南宋の朱子（**例文13**）が大成。禁欲的な修養と四書五経を学問することで、「君子」「聖人」たることを目指し、わが国の封建道徳にも大きな影響を与えた。

感嘆

例文76

求ㇾ剣若ㇾ此、不㆓亦惑㆒乎。

（『呂氏春秋』／法政大）

よみ 剣（けん）を求（もと）むること此（か）くのごときは、亦（ま）た惑（まど）ひならずや。

訳 剣を捜し求めるのにこのようなやり方では、なんと見当違いではないか。

感嘆

不㆓亦（ずまタ）～㆒乎（や）

↓

なんと～ではないか。

「不亦説乎」（まタよろこばシカラずや）など、頻出の感嘆形。「ず」と打ち消し、「や」と反語を加えることで、「～」の部分を非常に強めたことになり、まさに口語の〝～ないか〟。「亦」は本例の場合〝なんと～〟の意。〝また〟（モまタ）と訳さないこと（例文62参照）。

重要 「かクノごとシ」とよむ形 頻出

如此　如是　如斯　若此　若是　若斯

例 嗚呼大丈夫、当ㇾ如ㇾ是。↓ああ大丈夫、当にくのごとくなるべし。（一人前の男子たる者、是非こうありたいものだ。）

感嘆
例文 77

漢皆已得レ楚乎。
是何楚人之
多也。

（司馬遷『史記』／中央大）

よみ 漢（かん）皆（みな）已（すで）に楚（そ）を得（え）たるか。是（こ）れ何（なん）ぞ楚人（そひと）の多きや。

訳 漢軍はもうすっかり楚の国を手に入れてしまったのか。これはなんと楚の人間の多いことか。

感嘆

何（なんゾ）〜也（や）

↓

なんと〜ことか。
（なんと〜だなあ。）

前文は「〜乎」が疑問の意を表している。後文の「何〜也」は例文通りよむと〝どうして〜か〟という疑問の意も表しうるが、疑問の意が強まってここでは感嘆の意。「何ぞ〜んや」とよめば反語。英語でWhatやHowが疑問・反語・感嘆を表すのと似ている。

重要 **国名（楚）＋人**
習慣で、「人」は「じん」ではなく「ひと」とよむ。
例 斉人→せいひと

有備無患
四面楚歌 漢楚の興亡の、どの教科書にも必ず出てくる名場面。項王（項羽）はここで自らの命運が尽きたことを悟る。
陳勝・呉広の乱（**例文84**）から項王の最期に至る箇所に関する事柄は入試にも頻出。あらすじや今までによんだ文章を復習しておきたい。

感嘆

例文 78

張儀豈不二誠大丈夫一哉。

（『孟子』／千葉大）

よみ　張儀は豈に誠の大丈夫ならずや。

訳　張儀はなんと本当の大人物ではないか。

感嘆

豈不～哉

なんと～ではないか。

本例も**例文77**と同じく「あに～ざらんや」とよんで反語の意に取ることもできるが、例文通りよんで〝なんと～ではないか〟と訳し、感嘆の意（＝**不亦～乎**）。〝どうして〟の部分を訳さないこと。「不」が反語によって打ち消され、二重否定となって強められているわけである。

有備無患

蘇秦と張儀　秦の脅威に対し、六国（韓・魏・趙・燕・斉・楚　**例文52**参照）が同盟して当たることを説いたのが蘇秦の合従（＝**合縦**）策。それに対し、秦の国に仕え、秦と各国と同盟させたのが、蘇秦とは同門の出の張儀の連衡策であった。ちなみに楚に仕え、後にこれに反対して国を逐われ入水自殺したのが、憂国の詩人で『楚辞』の作者屈原である。この辺りの歴史も漢文の基礎。

願望

例文 79

燕王私握二臣手一曰、願結レ友。

（司馬遷『史記』／立命館大）

よみ 燕王私（えんおうひそか）に臣（しん）の手を握りて曰はく、「願はくは友と結ばん」と。

訳 燕王はかくれて私の手を握って言った、「どうか交友を願いたい」と。

願望

願（ねがハクハ）〜（セン（セヨ））

↓

どうか〜して下さい。
〜したいと願う。

「〜ンコトヲねがフ」と返ってよむこともある。願望の場合、助動詞「ン」を補うか、命令形にしてよむことが多い。＝**請**（**例文97**参照）。

重要 **私**「わたくし（ス）」

一人称としては使わず、「吾」「我」などを用いる（**例文43**参照）。本例では「臣」が一人称。

重要 **「ひそかニ」とよむ漢字**

◉**私**（個人的に・こっそりと 熟 私淑・私語）
◉**窃**（人目を盗んでこっそりと 熟 窃盗）
◉**間**（表にせずしのんで 熟 間道・間者）
◉**陰**（かげでこっそりと 熟 陰謀）
◉**潜**（しのびで・かくれて 熟 潜行）
◉**密**（秘密に・分からないように）

願望 例文80

釈㆓其耒㆒而守㆑株、冀㆓復得㆒㆑兔。

（『韓非子』）

よみ 其(そ)の耒(すき)を釈(す)てて株(かぶ)を守り、復(ま)た兎(うさぎ)を得(え)んと冀(こひねが)ふ。

訳 自分の鋤を捨てて切り株を見守り、もう一度兎を手に入れたいと願った。

願望

冀(こひねがフ)㆑～(ント)

助動詞「ン」を送ってよみ、強い願望の意を表す。

重要 「こひねがフ」とよむ語

「庶～」「庶幾～」（「ちかシ」ともよむ）などがある。やはり「ン」や命令形を伴ってよむ。

例 王庶幾改㆑之。↓王庶幾はくは之を改めよ。（王様、どうかこの点をお改め下さい。）

重要 釈　よみ（意味）

- **ゆるス**（許して放つ　熟釈放）
- **とク**（説明する　熟注釈・釈明）
- **すツ**（捨てる　↓本例）

有備無患

韓非子の思想　戦国末期、法至上主義を唱え、**法術**による**信賞必罰**・富国強兵・君権の絶対を説いた。また儒教や道教の尚古主義に対し、現実主義・後王思想を説き、その考えは秦の始皇帝の採用するところとなった。

語句 例文81

朝辞白帝彩雲間
千里江陵一日還

（李白「早発白帝城」）

よみ 朝に辞す白帝彩雲の間、千里の江陵一日にして還る。

訳 朝早く美しい朝焼け雲がたなびく中を白帝城に別れを告げ、千里離れた江陵まで一日で帰っていく。

重要 「あした」（＝早朝）とよむ漢字

- ●**晨**（**例文9**）
- ●**旦**（元旦＝**元日の朝**、旦夕＝**朝晩** ≠且）
- ●**朝**（〝朝廷（に参内する）〟の意もある）

「早」も「つとに」とよみ、〝早朝〟の意。

重要 **辞** 意味

- ●**言葉・文章**（熟辞書・弔辞）
- ●**断る**（熟辞退）
- ●**やめる**（熟辞任）
- ●**別れを告げる**（熟辞去）

重要 「かえル」とよむ漢字

漢詩では押韻の関係でいろいろな漢字を用いる。

還　回　返　帰　反　復　旋

有備無患 **李白について** 盛唐（玄宗皇帝の時代・八世紀中頃）を代表する詩人。自由奔放な生き方を生涯通した。中国各地を流浪し、ロマン性に富んだ超俗的な詩（**例文4**）を多く詠んで「詩仙」と呼ばれた。自然・酒・友情・故郷をうたった詩が多い。

語句 例文 82

両岸猿声啼不レ住
軽舟已過万重山

（李白「早発白帝城」）

よみ 両岸（りょうがん）の猿声（えんせい）啼（な）いて住（す）まざるに、軽舟（けいしゅう）已（すで）に過（す）ぐ万重（ばんちょう）の山。

訳 両岸の猿の鳴く声が止まないうちに、軽快な小舟は幾重にも重なった山々を通り過ぎてしまった。

例文81の続きで、七言絶句の転句・結句。

重要 **「なク」とよむ漢字**

- **泣 キュウ**（涙を流してなく　熟 感泣）
- **哭 コク**（声をあげて激しくなく　熟 慟哭）
- **啼 テイ**（鳥獣がなく・声をあげてなく）
- **悌 テイ**（すすりなく）
- **鳴 メイ**（鳥獣がなく・声をあげてなく）

参照 ➡ **已**……**例文27**。**重**（チョウ）……**例文58**。

有備無患 **絶句のきまり・よみ方**

- 五言は二／三字、七言は二／二／三字に区切ると意味が分かりやすい。
- 構成は、起（場面を起こす）
  - ↓承（「そして」と受ける）
  - ↓転（「ところで」と内容転換）
  - ↓結（「ああ」と感動の中心）
- 偶数句末に押韻、一句目末も確認。本例（**例文81・82**）では、間（カン）・還（カン）・山（サン）

語句
例文 83

蓋所レ伝本偶不レ同、而意則一也。

（陸游『老学庵筆記』／奈良女子大）

よみ 蓋(けだ)し伝(つた)ふる所の本偶々(ほんたまたま)同じからず、而(しか)して意(い)は則(すなは)ち一(いつ)なり。

訳 思うに伝本はたまたま同じでないけれども、意味は同じことだ。

重要 **蓋＝盍** よみ（意味・用法）

●**けだシ**（思うに 熟 蓋然性(がいぜんせい)＝**たぶんそうだろうということ**）

●**おおフ**（覆う 熟 抜山蓋世＝**勢力が「山を抜き世を蓋うばかりに」盛んなこと**）

●**なんゾ～ざル**（どうして～しないのか。再読文字・**例文7**）

●**ふた**（入れ物の口をふさぐもの）

而 用法（よみ）

●置き字（「～テ」「～ドモ」「～モ」と上の述部に送り、逆接・順接等の意を示す）

●接続詞（「しかシテ」「しかウシテ」「しかレドモ」「しかルニ」「しかモ」とよむ。「然」に近い）

●〝そこで〟の意（すなはチ＝**乃**）。

●〝お前〟の意（なんぢ＝**汝・若**）。

参照➡**偶……例文25・97**。「たまたま」とよみ、偶然の意。

則……例文96。

語句
例文 84

夫秦失二其政一、陳渉首レ難、豪傑蜂起。

（司馬遷『史記』／北海道大）

よみ　夫れ秦其の政を失するや、陳渉難を首め、豪傑蜂起す。

訳　そもそも秦が政治に失敗すると、先ず陳渉が反乱を起こし、豪傑が蜂起した。

重要　夫　よみ（意味・用法）

◉それ（そもそも、いったい　用発語）
◉〜か・〜かな（疑問・感嘆　終助詞）
◉かノ〜（指示語）
◉おっと（↕妻）
◉一人前の立派な男（大丈夫、夫子＝先生）

重要　「夫」以外の発語（よみ）

◉凡（およソ）　◉抑（そもそも）
◉惟（こレ）

重要　難　よみ・意味（熟語など）

◉かたシ（むずかしい、困難）
◉〜がたシ（〜しがたい）
◉責める（非難）　◉災い（災難）
◉乱れ、兵乱（国難、〜の難）

有備無患

陳勝　本例の陳渉は陳勝のこと。秦の始皇帝没後、先ず夫役の農民を指揮し、陳勝・呉広が反乱を起こす。「王侯将相寧くんぞ種あらんや」の言葉で知られる。

語句
例文85

所以二然一者何。其土地使二之然一也。

（劉向『説苑』／福島大）

よみ　然（しか）る所以（ゆゑん）の者は何ぞや。其の土地之（これ）をして然（しか）らしむればなり。

訳　そうなった理由は何か。その土地がこれをそうさせたからである。

重要　所以（ゆゑん）　意味　頻出

●原因・理由・わけ（本例）
「所以〜者—」の形はこの意味で、「〜する所以は—」とよみ「—」の部分が理由を表す。

●〜から・ので
「—所以〜也」の形は「—は〜の所以なり」とよみ「〜」の部分が理由を示す。

●手段・方法・〜ためのもの

●だから〜（「ゆえニ」とよむ　＝故）

重要　　よみ（意味）

●しかリ（そうだ、その通りだ）＝爾

●しかシテ・しかラバ（順接の接続詞）
●しかルニ・しかレドモ（逆接）　＝而

●もユ（燃える）

参照→使〜……使役の句法（例文51）
「使」は使役だが、理由を答える文であるため「〜ばなり」とよんでいる。「所以」が理由を表した後は、こうよむ場合も多い。

語句 例文86

白頭搔更短
渾欲レ不レ勝レ簪

（杜甫「春望」／福岡教育大）

よみ 白頭(はくとう)搔(か)けば更(さら)に短(みじか)く、渾(すべ)て簪(しん)に勝(た)へざらんと欲(ほっ)す。

訳 白髪頭を掻いてみると更に少なくなったようだ。まったく簪(かんざし)も挿せなくなりそうである。

重要 律詩のきまり・よみ方

●必ず二句（「聯(レン)」と言う）を一まとまりによむ（**例文10**）。その二句がしばしば対句になるので必ず確認。

●順に首聯(シュ)・頷聯(ガン)・頸聯(ケイ)・尾聯(ビ)で、内容の展開は起承転結に準ずる。感動の中心は尾聯（**例文82**参照）。

首聯	一句 ☆	二句 ■
頷聯	三句	四句 ■
頸聯	五句	六句 ■
尾聯	七句	八句 ■

●五言は二／三字、七言は二／二／三字に区切る。

●偶数句末に押韻（■印）。一句目末も確認。

重要 「すべテ」とよむ漢字

①**全**（熟全部）②**渾**（熟渾身）③**凡**（熟凡例）④**都**（熟都督）⑤**総**（熟総合）

①②には〝まったく～（ない）〟の意も。

重要 不勝～　～ニたへず

〝～しきれない・～できない〟の意。

有備無患

杜甫 李白と並ぶ盛唐の詩人。社会の矛盾や、流浪の悲しみ、家族への思いなど、人間的愛情に富んだ詩を多く詠み、その誠実な生き方から「詩聖」と呼ばれる。

語句 例文87

不レ得レ已而遂至ニ於用レ兵。

（胡銓『上高宗封事』／國學院大）

よみ 已(や)むを得(え)ずして遂(つひ)に兵(へい)を用(もち)ふるに至(いた)る。

訳 仕方なくとうとう兵力を用いることになった。

不(ず)レ得(え)レ已(やムヲ)而(シテ)～ → 止むなく～する。仕方なく～する。

頻出の表現形。関連して、「不得～」（～ヲえず）は〝機会がなくて～できない〟の意（例文16）。

重要 「つひニ」とよむ漢字

遂　終　卒　竟

〝とうとう〟の意。「終わる・終える」とよむこともある。

重要 已乎・已矣 「やンヌルカナ」

〝もうどうしようもない〟の意。

重要 兵 意味

◉兵士　◉武器（熟 白兵戦）　◉戦争（熟 兵法）

有備無患

何とよむ？ 「兵」は両手で武器を持っていることを表す象形文字。現代中国語の音は「ピン」。ちなみに下の字は現代中国語で何とよむ？

乒乓

正解は「ピンポン」！

語句

例文 88

及二父卒一、叔斉譲二伯夷一。

（司馬遷『史記』）

よみ 父卒するに及び、叔斉伯夷に譲る。

訳 父が死んだのに際して、（弟の）叔斉は（兄の）伯夷に位を譲った。

重要 卒 よみ（意味）

◉しゅっス（死ぬ 用大夫の死）

◉をハル・をフ（終わる・終える 熟卒業）

◉つひニ ◉にはかニ（急に 熟卒然）

◉ソツ（兵士 熟兵卒）

重要 身分による「死ぬ」の違い

◉崩ず（天子）

◉薨ず（諸侯）

◉卒す（卿・大夫）

◉不禄（士）

◉死す（庶民）

有備無患

兄弟の順を表す言い方

伯　仲　叔　季

字などに用いられる。伯夷は長男、叔斉は弟だったことが名前から分かる。ちなみに孔子の字は**仲尼**で次男である。漢の高祖劉邦の字はただの季であり、末っ子で名もない平民の出であったことが分かる。現代の「おじ」でも伯父は父母の兄、叔父は父母の弟に使うのが厳密な使い方。伯母・叔母も同様である。

語句
例文89

略知㆓其意㆒、不㆓肯竟㆒㆑学。

（不㆑肯㆑竟㆑学）

（司馬遷『史記』）

よみ 略（ほぼ）其（そ）の意を知るや、肯（あ）へて学ぶを竟へず（学ぶを竟（を）へるを肯（がへん）ぜず）。

訳 だいたいその意味が分かると、さらに進んで最後まで学ぼうとはしなかった。

不㆓肯（あへテ）～㆒（ず） → 進んで～しようとしない。

不㆑肯（がへんゼ）㆑～ヲ（ず） → 決して～しない。

よみ方は二通り。**例文17**（不敢～）も参照。

重要　肯　よみ（意味）

- **あへテ**（進んで～する＝**敢**）
- **がへんズ**（承知する・うなづく　熟首肯）
- うべなフ（認める・よいとする　熟肯定）

重要　略　よみ（意味・用法）

- **ほぼ**（おおむね・あらまし　熟概略）
  「略〻」と踊り字を打つことも。**例文97**。
- **おかス**（熟侵略・攻略）
- **うばフ**（熟略奪）
- **はかル**（企む・謀る　熟謀略・計略）
- **はぶク**（省略する）

重要　竟　よみ（意味・用法）

- **をハル・をフ**（終わる・終える）
- **つひニ**（結局・とうとう　熟畢竟（ひっきょう））
- さかひ（熟境界・国境）

語句
例文 90

以二一偽一喪二百誠一者、乃貪レ名不レ已故也。

（『顔氏家訓』／九州大）

よみ 一偽を以て百誠を喪ふ者は、乃ち名を貪りて已まざるが故なり。

訳 一回のごまかしによって、多くの信頼を失ってしまうのは、名声をむさぼってやまなかったからである。

重要 以（もってテ） 主な意味・用例

◉手段・方法・材料（〜で・〜を用いて）

例 殺レ人以レ剣↓人を殺すに剣を以てす。

◉原因・理由（〜のため・〜によって）

例 以レ是観レ之↓是を以て之を観る。（以上のことによって考える。例文99）

◉対象・内容（〜を・〜を取り上げて）

例 以レ我為レ不レ信↓我を以て信ならずと為す。（私を信じない。）

◉上下を接続する（そして・そこで）

例 遇レ彼以語二意中一↓彼に遇ひて以て意中を語る。

他にもさまざまな用法がある。また「おもフ」「もちフ」「ゆゑ」「ともニ」などのよみ（意味）もあり、すべて覚える必要はないが、文脈に応じて対応できるようにしておこう。

参照➡貪……例文4（類似漢字）

「むさぼル」とよむ。「貧」と間違えないように。熟貪欲

語句 例文91

白猿為レ人豪宕、尚二気義一。

（菊池三渓「市川白猿伝」／名古屋大）

よみ 白猿(はくえん)人(ひと)と為(な)り豪宕(ごうとう)、気義(きぎ)を尚(たつと)ぶ。

訳 白猿は人柄が豪放で、気迫や正義を尊んだ。

重要 **為人**

「**ひとトなリ**」とよみ、現代でも「彼の人となりは…」のように使う。現代語の〝人柄・性格〟の意味に加え、さらに〝風貌・体つき〟までも表す。文脈によっては「ひとノために」などともよみ得るので注意。

重要 **為** 他の用例

為言（**げんタル** 〝意味〟の意）

例 学之為レ言倣也。↓学の言たるや倣(なら)ふなり。

（学の意味は倣うことである。）

重要 **尚** よみ（意味・用法）

◉**たつとブ・たふとブ**（尊ぶ 熟 尚古主義）

◉**なホ**（その上に更に）

「猶ほ」は〝やはり、ちょうど〜ようだ〟の意で、「尚ほ」と意味が異なる。**例文**5参照。

◉**〜スラなホ**（〜でさえも **例文**66参照）

◉たかシ（高尚だ）

◉こひねがハクハ〜（願望）

彼のひとトなり

慣用句
例文 92

然而不レ王者、未二之有一。

（『孟子』）

よみ 然(しか)り而(しか)うして王(おう)たらざる者(もの)、未(いま)だ之(こ)れ有(あ)らず。

訳 このようであってしかも王になれなかった者など、まだあったためしがない。

慣用句

然而（しかり しかウシテ）

↓

そうであってしかも
それにもかかわらずなお

「然り（そうである）」（**例文85**参照）＋「而（接続詞）」（**例文83**参照）の形。

重要 **未之有** 「之」と「有」の倒置

強調のときや否定の後は「目的語（補語）＋動詞」の形になる（**例文75**）。

例 時人莫二之許一也↓時人(じじん)之を許す莫(な)きなり。

重要 **名詞を動詞でよむ場合**

「王たり」「王とす」などと、「たり」（断定の助動詞）や「とす」（〜にする）を補ってよむことが多い。

有備無患

孟子の王道論 孟子は力による覇道に対し、君主が「人に忍びざるの心」を持てば、民衆に平和な生活をもたらせるとし、その仁徳によって天下の王となれると、王道論を展開した。

熟語
例文 93

所謂誠二其意一者、毋二自欺一也。

（『大学』／清泉女子大）

よみ 所謂（いはゆる）其の意を誠にすとは、自（みづか）らを欺（あざむ）くこと毋（な）きなり。

訳 世間で言う「心を誠にする」とは、自分自身を欺かないことである。

熟語

所謂（いはゆる）

→ **世間で言うところの**
世に言う

現代語でも連体詞として用い、その後に有名な事項・語句を引用する。

重要 「なシ」のいろいろ

勿　毋　無　莫

上ほど禁止で用いることが多く、「なカレ」とよむ（**例文12**）。下ほど比較で使うことが多い（**例文46・47**）。

重要 自〜

〝自分で自分を〟と意味を取ると分かりやすいことがある。熟 自戒・自粛

有備無患

四書五経 **五経**は儒教の聖典として漢代に定められた。『**易経**（えき）』『**書経**』（古代の伝説）『**詩経**』『**礼記**（らいき）』『**春秋**』（魯国の歴史）の五つ。四書は宋代に朱子が定めた『**論語**』『**大学**』『**中庸**』『**孟子**』の四つ。『大学』は孔子の晩年の弟子の曽子が、『中庸』は孔子の孫の子思（しし）が著したという。

語句

例文 94

問レ所ニ従来一。具答レ之。

（陶潜『桃花源記』）

よみ　従(よ)りて来たる所を問ふ。具(つぶ)さに之に答ふ。

訳　（村人は）どこからやって来たかを尋ねた。（漁人は）こと細かに答えた。

重要　**「より（テ）」とよむ漢字（用法）**

- **自・従**（～から　起点　英語のfrom）
  「より」とだけよめば助詞。
- **与**（～よりも　比較　**例文49・50**）
- **縁**（～のために・～に沿って）
- **由・依**（～に基づいて）

重要　**具**　よみ（意味）

- **つぶさ二**（こまごまと　熟具体的）
- **そなフ**（備える・整える　熟具備）
- **とも二**（いっしょに　＝**倶**）

重要　**頻出の副詞**　よみ（意味）

- **坐**　そぞロニ（なんとなく）
- **立**　たチドコロニ（ただちに）
- **忽**　たちまチ（突然に　熟忽(こつ)然）
- **俄**　にはカニ（急に　熟俄(が)然・俄雨）
- **果**　はたシテ（思った通りに）
- **方**　まさ二（ちょうど）
- **徒**　いたヅラ二（ただ・空しく　熟徒労）
- **周・普・遍**　あまネク（すべてにわたり）
- **悉・尽**　ことごとク（残らず・すべて）
- **頗**　すこぶル（かなり・大いに・少し）

語句

例文95

沛公来見二項王一、至二鴻門一謝曰、

（司馬遷『史記』）

よみ 沛公(はいこう)来たりて項王(こうおう)に見(まみ)えんとし、鴻門(こうもん)に至り謝(しや)して曰はく、

訳 沛公は項王と会見しようと鴻門に到着し、謝罪して言うことには、

重要 見 よみ（意味・用法）

●みル・みユ（見る・見える）

●まみユ（貴人にお目にかかる 熟謁見）

●～る・～らル（受身の助字 例文56）

●あらはル（外に表れる・現れる 熟露見）

重要 謝 意味

●お礼を言う（熟感謝）

●報酬（熟謝金）

●断る（熟謝絶）

●あやまる（熟謝罪）

●衰える（熟新陳代謝）

●別れをつげる

重要 「いフ」のいろいろ

●謂（人に向かって言う）

例 謂～曰、↓～に謂ひて曰はく、

●曰・云（人の言葉をそのまま言う）

例 子曰はく

●言・道（心に思うことを述べる）

語句
例文96

毎レ有二意会一、便欣然忘レ食。

（陶潜『五柳先生伝』／群馬大）

よみ 意に会すること有る毎に、便ち欣然として食を忘る。

訳 心にかなう所があるたびに、嬉しそうに喜んで（書物をよみふけって）食事も忘れるほどであった。

重要 毎 よみ（意味）

● **～ごとニ**（～のたびに 熟毎日・毎朝）

● つねニ（常に・いつも）

重要 **「よろこブ」のいろいろ**

● **悦・説**（心からうれしく思う 熟悦楽）

● 歓（よろこび声をあげる 熟歓声）

● 欣（よろこび笑う **本例**）

● 喜（嬉しがる 熟喜色）

● 慶（祝いよろこぶ 熟慶事）

重要 **「すなはチ」とよむ漢字（主な訳）**

太字の意味で用いることが多いが、用法は様々であり、文脈から考えること。

● **則**（「～レバ則」で）**～ならば・～すると**
（文脈から）つまりは・～ては

● **乃** **そこで**・かえって・なんと

● **即** **すぐに・そのまま**（熟即刻・即日）
（文脈から）～ならば・つまりは

● **便** すぐに・そのまま・そのたびに

● **輒** **そのたびごとに**・すぐに

語句
例文 97

数 請₂ 出 自 致₁、輒 不ₗ 許。

（『宋史列伝』／東北大）

よみ 数々出でて自ら致さんことを請ふも、輒ち許さず。

訳 何度も外に出て自分でやりたいと頼んだが、そのたびごとに許さなかった。

願望

請ₗ 〜（ンコトヲ）

↓

〜したい。
〜させて下さい。

願望を表す一つの形（**例文79**）。「願〜」と同じように、意志の意の助動詞「ン」を入れたり、最後を命令形にしたりしてよむことが多い。

例 **請以ₗ 戦喩。↓請ふ、戦ひを以て喩へん。**（戦いで喩えさせて下さい。）

重要 **繰り返してよむ漢字のよみ方（意味）**

漢文に踊り字「〻」を、また書き下し文に「々」を補うことも多い。

◉**数**↓しばしば（何度も）　◉**各**↓おのおの
◉**交**↓こもごも（互いに・かわるがわる）
◉**益・倍・滋**↓ますます　◉**少・稍**↓やや
◉**弥・愈**↓いよいよ　◉**世**↓よよ（代々）
◉**行**↓ゆくゆく（道すがら・途中）
◉**略**↓ほぼ（だいたい　熟 概略）
◉**諸**↓もろもろ（様々・いろいろ）

慣用句
例文 98

何則凡害二於仁一者尽也。

（『孟子』）

よみ　何となれば則ち凡そ仁を害ふ者尽くればなり。

訳　なぜならば、すべて仁を損うものがなくなったからである。

慣用句

何則（なんトナレバ（すなはチ））～

↓

なぜならば～からだ。

「～」の部分に理由がきて、前の内容の理由を明示する。以下の類似表現に注意。

何者↓なんトナレバ（なぜならば）
不者（不則）↓しからずンバ（ざレバ）
何為者↓なんすルものゾ（何者だ）
何也↓なんゾヤ（どうしてか・なぜか）

参照➡凡……例文84・86。

有備無患

孟子の性善説　孔子の説いた「**仁**」や「**礼**」のうち、人間の内面の完成体である「仁」を強調し、「仁義の説」「性善説」を説いたのが孟子である。生まれながらにして「仁」「義」「礼」「智」に至る端緒（四端説）が内面に備わっていると考え、唐代宋代以後この考え方の系譜が「道統」（儒教の正統）とされ、日本にも伝わった。

孟子

熟語
例文99

是以賓客遊従之士、無レ所二為而至一。

（韓愈『送区冊序』／國學院大）

よみ　是（ここ）を以（もっ）て賓客遊従（ひんかくゆうじゅう）の士、為（ため）にして至る所無し。

訳　こういうわけで、食客や遊説の士が、わざわざやって来ることはなくなった。

熟語
是以（ここヲもつテ）
↓
こういうわけで
だから

それ以前の内容を受けて、下に結論を述べる。

熟語
以レ是（もつテこれヲ）
↓
これによって
このために

上の内容を受けて、以下に続ける。「是以」とのよみの違いがよく問われる。

重要　客　音・意味など

音は「カク」（漢音。呉音（六世紀頃日本に伝わった音）はキャク。漢文は原則として、唐代の音である漢音でよむ）。意味は、本来〝故郷を離れて異郷にあるもの・旅人〟の意。

熟 過客（かかく）→旅人
客舎→旅館
食客（しょっかく）→賓客（客分としてめし抱えておく人。「賓」が現代の「客」の意に近い）

重要　遊　「遊ぶ」以外の意味

〝出かける・旅〟　熟 周遊・遊説・遊子

慣用句
例文 100

用レ此観レ之、然則人之性悪明矣。（『荀子』）

よみ 此を用て之を観れば、然らば則ち人の性の悪なること明らかなり。

訳 このことから考えてみると、そうだとすれば、人間の本性が悪であることは明らかである。

慣用句

然則（しかラバすなはチ）

⬇

そうだとすれば

それ以前の内容を「然らば」で指し示して、〝～ならば〟という順接仮定条件で下に続ける一種の慣用句。

↕「不者」「不則」（しからズンバ、そうでないと）「然而」（例文92）との違いにも注意。

参照➡用此……これヲもつテ（例文99）

重要 性

字のごとく「生而（うマレナガラニシテ）」の「心」を表し、〝うまれつき〟〝本性〟の意。

有備無患

荀子の性悪説　孔子の説いた「礼」（外的規範の完成体）や「学」を重視した荀子の考え方の根底には当然ながら性悪説がある。だが、道徳（礼）や学問によって人間は善に至るとしたわけであり、徹底的ではない。夏目漱石が『こころ』の初版本の装丁に荀子の文章を用いたことは有名である。

GOAL!!

100例文と重要事項一覧

例えば…まず例文を読み下し、訳す。
⬅ 使われている句法や重要語句を説明してみる。

●句法編

	例文		句法	語句	関連事項
1	景公怒援戈、将自撃之。	再読文字	将〜	自	「戈」の成り立ち
2	君固当不如。		当〜	当／固／もとヨリ	
3	山空松子落　幽人応未眠		未〜・応〜	空	再読文字のよみ順
4	暫伴月将影　行楽須及春（将＝与）		須〜	類似漢字	
5	人之死、猶火之滅也。		猶〜	ごとシ	王充の思想
6	且有変、宜防絶之。		且〜・宜〜		「べし」の意味
7	顔淵季路侍。子曰、盍各言爾志。		盍〜	爾／なんぢ／侍	
8	千里馬常有、伯楽不常有。	部分否定	不常↔常不		韓愈
9	寡人不復釈子。		不復↔復不	寡人	五言詩のよみ方
10	高者未必賢　下者未必愚		不必↔必不		長い古詩のよみ方
11	今両虎共闘、其勢不倶生。		不倶↔倶不	勢	戦国時代の「趙」
12	無友不如己者、過則勿憚改。	禁止	無〜・勿〜	過	“過ちとは”
13	少年易老学難成、一寸光陰不可軽。		不可〜	時間を表す語／難／易	朱子

番号	例文	分類	句形	注意	関連事項
14	鳥獣不可与同群。	不可能	不可～		儒家と道家
15	性嗜酒家貧不能常得。		不能～	能	陶潜
16	項伯常以身翼蔽沛公。荘不得撃。		不得～	不可能の微妙な違い	
17	人将休、吾不敢休。	否定	不敢～↕敢不～		
18	不足為外人道也。		不足～	注意すべき動詞のよみ	
19	無長無少、道之所存師之所存也。		無～、無―	否定語～＋否定語―／長・少	
20	不憤不啓、不悱不発。		不～、不―		漢字の構造（憤）
21	不者、将有火患。		不者～	しからずンバ～／～んばのよみ方	
22	耕者不可以不益急矣。	二重否定	不可以不～	ますます	墨子の思想
23	当世士大夫、無不知有劉老人者。		無不～		封建制度
24	曽子之母非不知子不殺人也。		非不～	子	曽子
25	偶有名酒、無夕不飲。		無―不～・無―無～	たまたま	
26	聖人所不知、未必不為愚人所知也。		不不～・未必不～		
27	閑居未嘗一日無客。		不無～・未嘗―無～	嘗／完了（経験）を表す語	
28	吾欲伐呉。可乎。	問	～乎（也・哉・邪）	や（か）	呉越の争い
29	哀公問、弟子孰為好学。		孰～・誰～	公	
30	汝素寡慾、何苦為盗耶。		何～	すくなシ	
31	大夫将何為。		何＋動詞	相手の呼び方（二人称）	

番号	例文	分類	句法	ヒント	関連
32	何処秋風至　蕭蕭送雁群	疑問	何＋名詞	～トシテと送る形容語	
33	夫子曰、何為不去也。曰、無苛政。	疑問	何為～	何と同じよみの漢字	
34	果有不死之人、今皆安在。	疑問	安～		「疑問」と「反語」
35	勢不同而理同。如吾民何。	疑問	如何		柳宗元
36	吾欲之南海、何如。	疑問	何如	欲／之／ゆク	
37	如我能将幾何。	疑問	幾何		漢の高祖
38	帝力何有於我哉。	反語	何～哉		無為の治
39	子非魚、安知魚之楽。	反語	安～		荘子の思想
40	以友観人、焉所疑。	反語	焉～	いづクンゾ／焉	
41	天下豈聞死人可復活耶。	反語	豈～	復	干宝『捜神記』
42	不仁者可与言哉。	反語	可～哉		〝仁とは〟
43	寡人敢勿軾乎。	反語	敢不～	自分の呼び方(一人称)	
44	吾与徐公孰美。徐公不若君之美。	比較	A不若B・孰～	―、孰若～／A与B	
45	青取之於藍而青於藍。	比較	A～於B	置き字と送り仮名	古代思想の流れ
46	三代以後、有天下之善者莫如漢。	比較	莫如～	如	三代(夏・殷・周)
47	天下莫柔弱于水。	比較	莫A于B	莫	老子の思想
48	寧悔不撃、不可悔不止。	比較	寧～、―	寧	沈括『夢渓筆談』
49	与其従辟人之士也、豈若従辟世之士哉。	比較	与其～、―	与	

番号	例文	句法	形	語句	関連事項
50	与其得小人、寧不若得愚人。	比較	与其～、寧―	人物を表す語	
51	斉使賢者使賢王、不肖者使不肖王。	使役	使―～		斉の晏子
52	趙王於是遂遣相如奉璧西入秦。		遣―～		戦国の七雄
53	又令方士合霊薬。		令（教）―～		方士
54	故人命豎子殺雁烹之。		（文脈から）	現代と意味の異なる語	
55	労心者治人、労力者治於人。	受身	―於～	於・于・乎	
56	暉剛於為吏、見忌於上、所在多被劾。		被～・見～	為	
57	妾不能為人所制。		為～所―		劉向の著作
58	項氏世世為楚将。封於項。故姓項氏。		（文脈から）	音で意味の変わる漢字	
59	若果有神、可顕一験事。	仮定	若～	もシ／若／あらはル・あらはス	
60	苟能前知、事有不利者、可遷避之。		苟～	者	熟語を含む場合の返り点
61	縦彼不言、籍独不愧於心乎。		縦～	たとヒ／独不～	名と字
62	此丞相庁門。雖丞郎亦須下。		雖～	相／まタ	
63	使臣失信、則不能用人矣。		使～―、		唐宋八大家
64	非礼勿視。非礼勿聴。		否定＋否定	きク／みル	
65	西出陽関無故人。		（文脈から）	故	王維
66	此句他人尚不可聞、況僕心哉。	揚	A尚B、況C	況／僕	
67	臣死且不避、卮酒安足辞。		A且B、安C	且	

番号	例文	分類	語句	語句	関連事項
68	況如斯人者、豈易得哉。	抑	況～＋反語	こレ・こノ・かくノ／易	
69	子曰、惟仁者能好人、能悪人。	限定	惟～	惟／たダ／悪	
70	雖欲従之、末由也已。		～已	のみ／已	「巳・己・已」の違い
71	故郷何独在長安		何独～	限定の副詞	『白氏文集』
72	回以為、此哭声非但為死者而已。	累加	非但～而已	以為・以謂～／未然形＋ク	
73	豈唯怠之、又従而盗之。		豈唯～又―	又／唯	
74	嗟乎師道之不伝也久矣。	感嘆	嗟乎～	～也―(久)矣／也	
75	牡丹之愛、宜乎衆矣。		～乎	之＋動詞／宜	道学（宋学）
76	求剣若此、不亦惑乎。		不亦～乎	かクノごとシ	
77	漢皆已得楚乎。是何楚人之多也。		何～也	国名＋人	〝四面楚歌〟
78	張儀豈不誠大丈夫哉。		豈不～哉		蘇秦と張儀
79	燕王私握臣手曰、願結友。	願望	願～	私／ひそかニ	
80	釈其耒而守株、冀復得兎。		冀～	こひねがフ／釈	韓非子の思想

●語句編

番号	例文	語句	関連事項
81	朝辞白帝彩雲間　千里江陵一日還	あした／辞／かえル	李白
82	両岸猿声啼不住　軽舟已過万重山	なク	絶句のきまり・よみ方

83	蓋所伝本偶不同、而意則一也。	蓋／而	
84	夫秦失其政、陳渉首難、豪傑蜂起。	夫／発語／難	陳勝
85	所以然者何。其土地使之然也。	所以／然	
86	白頭掻更短　渾欲不勝簪	律詩のきまり・よみ方／すベテ／不勝	杜甫
87	不得已而遂至於用兵。	不得已而／つひニ／已乎・已矣／兵	何とよむ？
88	及父卒、叔斉譲伯夷。	卒／身分による「死ぬ」の違い	“伯仲叔季”
89	略知其意、不肯竟学。	不肯／肯／略／竟	
90	以一偽喪百誠者、乃貪名不已故也。	以	
91	白猿為人豪宕、尚気義。	為人／為／尚	
92	然而不王者、未之有。	然而／未之有／名詞を動詞でよむ	孟子の王道論
93	所謂誠其意者、毋自欺也。	所謂／なシ／自～	四書五経
94	問所従来。具答之。	より(テ)／具／頻出の副詞	
95	沛公来見項王、至鴻門謝曰、	見／謝／いフ	
96	毎有意会、便欣然忘食。	毎／よろこブ／すなはチ	
97	数請出自致、輒不許。	請～／繰り返してよむ語	
98	何則凡害於仁者尽也。	何則～	孟子の性善説
99	是以賓客遊従之士、無所為而至。	是以↕以是／客／遊	
100	用此観之、然則人之性悪明矣。	然則／性	荀子の性悪説